ANATOMÍA DEL DUELO

Sloane Crosley

Anatomía del duelo

Viviendo con la ausencia de los que amamos

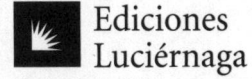

Ediciones
Luciérnaga

Título original inglés: *Grief is for People*
Primera edición en inglés a cargo de MCD

© del texto: Sloane Crosley, 2024
© de la traducción: Eva Raventós Ruiz, 2025
© de la ilustración de cubierta: Getty Images / malerapaso

Diseño de la cubierta: Planeta Arte & Diseño
Realización: Planeta

Primera edición: noviembre de 2025

© Edicions 62, S. A., 2025
Ediciones Luciérnaga
Av. Diagonal 662-664
08034 Barcelona
www.planetadelibros.com

ISBN: 979-13-87667-16-0
Depósito legal: B. 15.011-2025

Impreso en España – *Printed in Spain*

PEFC Certificado

Este libro procede de bosques gestionados de forma sostenible

PEFC

PEFC/14-38-00305   www.pefc.es

Oh, si la vida estuviera hecha de momentos,
¡incluso uno malo de vez en cuando!
Pero si la vida solo fuesen momentos,
entonces nunca sabrías que tuviste una.

STEPHEN SONDHEIM, *INTO THE WOODS*

O saltas por la ventana o vives.

BROOKE HAYWARD, *HAYWIRE*

SUMARIO

Parte I

NO DEJES QUE TE RETENGA

(Negación)

Todos los robos son iguales, pero cada robo está desprovisto de seguro a su manera. A las 17.15 horas del 27 de junio de 2019 salí de casa, estuve una hora fuera y al volver me encontré con que me habían robado todas mis joyas. Esta es la puerta de entrada a la historia, los hechos del caso. Primero, el recipiente; luego, la emoción. Como si al ofrecer un orden de los acontecimientos, el sentido de estos se completara automáticamente. Pero esa historia termina antes de empezar, sin haber sido realmente contada siquiera. El ladrón entra en la historia por la ventana de mi dormitorio. Sube apresuradamente los escalones de metal corroídos de mi escalera de incendios. Levanta la rejilla, luego el cristal, y se agacha para hacerse más pequeño. Sus botas sucias irrumpen en la quietud de mi dormitorio, hundiéndose en el edredón blanco. La verdad es que no le queda más remedio que pisar el edredón: la cama está pegada a la ventana porque ocupa la mitad de la habitación.

Una vez dentro, el ladrón tarda un total de cinco minutos en llevarse cuarenta y una piezas de joyería. El botín, que de otro modo sería poco destacable, incluye el colgante de ámbar de mi abuela, del tamaño de un albaricoque, así como su anillo de cúpula verde, una cúpula con hileras de turmalina que pueden recordarte a la criptonita o al jabón de fregar los platos.

Pero vamos a detenernos aquí un momento, antes de que te pierdas demasiado.

Mi abuela era una persona horrible. Nunca he conocido a nadie que la eche de menos. Practicaba el abuso de maneras muy creativas. Si se enfadaba con alguno de sus hijos, les pedía a los otros dos que no le hablaran. Cuando mi madre era pequeña y la mandaban a su habitación, sabía que mi abuela podía entrar en cualquier momento con un cinturón. A veces aparecía; otras veces, no. En ocasiones, le clavaba las uñas a mi madre en el brazo hasta que le rasgaba la piel, un acto de violencia exacerbado por la frase desconcertante que venía después: «Cariño, ¿qué te has hecho?». Para cuando esta mujer y yo estuvimos a la par en conciencia y altura, ella era bastante cordial. Lo suficientemente estable. Aun así, la conversación más larga que tuve con ella fue el día de mi graduación en la universidad. Se paseó por la ciudad, lanzó una pulsera de perlas sobre la mesa del restaurante y se ofreció a pagar por la escuela de posgrado. Rescindió la oferta después de que le enviase mis solicitudes. No sé por qué. Pude quedarme con la pulsera.

Bueno, al menos durante un tiempo.

Mis esfuerzos por reutilizar sus objetos, por darles el alma que nunca tuvieron, han sido más lentos que su valoración económica. El collar perteneció originalmente a mi bisabuela, quien, al parecer, tampoco era una persona nada fácil. Durante mucho tiempo he sospechado que estos objetos no quieren estar conmigo, que el anillo verde siente un pulso desconocido que lo atraviesa. Mi madre, la hija menos favorecida, quedó relegada a las notas a pie de página del testamento, por lo que estos artículos son mi única herencia. Sin embargo, a mí siempre me ha parecido que estaban malditos. Nunca me los he puesto en un avión. Y ahora hay un extraño en mi casa, recogiendo los restos de una mujer cruel y llevándoselos. Lamentablemente, valen bastante dinero, aunque no sé cuánto. Nunca los he mandado tasar, lo cual habría sido necesario para poder asegurarlos. Quizá porque la tasación siempre me ha parecido algo demasiado adulto, como contratar a un abogado o comprar un irrigador bucal.

Quizá porque lo que sentía por estas cosas es lo mismo que sentía por mi abuela: que cuidarlas no era mi cometido, sino el suyo cuidarme a mí.

El ladrón también roba el anillo de compromiso de plata de mi otra abuela, una pulsera con adornos diseñada para muñecas más pequeñas y un broche en forma de vaca que me encontré en la calle en Madison, Wisconsin. Todo lo que me han dejado y todo lo que yo dejaré está en la mochila de un desconocido.

Es indulgente contar la historia así, en presente. Como si todavía pudiese evitarlo. Como si le pudiese agarrar un tobillo. Ya no hay tobillo. No puedo detener lo que ya ha pasado. Pero esta es la única forma en que puedo explicar los acontecimientos del 27 de junio de 2019 y de los días que los siguieron. Treinta días, hasta la última hora, que estarán enmarcados por la pérdida personal. Treinta días, hasta la última hora, que no puedo saber que serán precursores de un año de pérdidas globales. Al final recordaré el robo como lo que es: un oscuro regalo de la delimitación. Sé cuándo explotó mi primera bomba. No todo el mundo llega a saberlo.

Nadie está obligado a aprender algo de una pérdida. Esto es algo terrible que les hacemos a las personas recién afligidas, animándolas a recordar los buenos tiempos cuando aún están en posición fetal. Esto es como darle un bistec a un bebé. He leído literatura sobre el duelo y la filosofía del duelo y, cómo no, he escuchado pódcast sobre el duelo, y la cosa más práctica que he aprendido es el poder de usar el tiempo presente. El pasado son arenas movedizas y el futuro es inescrutable, pero en el presente puedes flotar. No falta nada, nada es hipotético.

En realidad, estoy escribiendo estas palabras la tarde del 27 de agosto de 2019. Es martes. La selva amazónica está en llamas.

Han pasado dos meses desde el robo.

Ha pasado un mes desde la muerte de mi mejor amigo.

Esta ocurrió la noche del 27 de julio de 2019.

Corregiré estas frases mucho más tarde, después de que hayan pasado varias decenas de días 27, cuando la brecha entre el pasado y el presente sea más bien un abismo. Para entonces podré controlar mejor cómo pienso en esas ausencias. Seré capaz de seguir una conversación sin flaquear cuando alguien menciona la película o la canción equivocadas. Pero ahora mismo estoy en un estado de negación por la pérdida de mi amigo. Y, a pesar de la evidencia abrumadora de lo contrario, estoy en negación por la pérdida de las joyas.

Los seres humanos son los únicos animales que experimentan la negación. Todas las criaturas tratarán de sobrevivir si las atacan, excavarán cuando estén bajo asedio o renquearán por el bosque. Pero reconocen los problemas cuando aparecen. Ni un solo pez en la historia de los peces, después de que le hayan arrancado las aletas, necesita la perspectiva de otro pez: «No sé, Tom, esto pinta muy mal». La negación es una particularidad de la especie humana, la aversión que tenemos más a mano. Somos tan alérgicos a nuestra propia mortalidad que haríamos cualquier cosa para que no fuera así. La negación es la etapa más extraña del duelo, porque imita muy fielmente a la estupidez. Sin embargo, no se puede evitar. No se puede evitar. Estoy reteniendo estas pérdidas como lo haría una tía, como si fueran de mis familiares, pero no del todo mías. Como si fueran libros que nunca podré devolver a una biblioteca central de la tristeza.

En los días inmediatamente posteriores al robo soy una figura trágica entre mis amigos, pero de una forma divertida. Me ha ocurrido algo real, pero no en el cuerpo. No me han violado ni mutilado ni estoy condenada a una enfermedad mortal. Seguiré viva. Además, traigo un misterio, uno que, seguramente, puede resolverse aquí mismo, ahora, en este aperitivo compartido. Detectives aficionadas, cada amiga está más convencida que la anterior de que ella será quien resuelva mi caso. El robo es un acertijo, una propuesta disparada con una pistola. Cuando era niña,

16

teníamos un libro de acertijos en casa, un *bestseller* de la filosofía popular titulado *El libro de las preguntas*. La única pregunta que recuerdo palabra por palabra es la siguiente:

> Tú y alguien a quien amas profundamente estáis ubicados en habitaciones separadas, cada uno con un botón al lado. Los dos sabéis que os matarán si uno de los dos no presiona el botón en los siguientes sesenta minutos. También sabéis que el primero que presione el botón salvará al otro, pero morirá inmediatamente. ¿Qué harías?

Incluso si das una respuesta que, sin duda, terminará en divorcio, la forma en que está formulada la situación te impide ser demasiado arrogante sobre el asunto del asesinato. ¿Qué «harías»? No qué «haces». De la misma manera, la gente se siente atraída por la disquisición teórica del robo más que por el robo en sí mismo. Algunas señalan que he sido víctima de un crimen retro. Sí, soy consciente de que los años setenta están de vuelta para patearme la cara. Ya sea por amabilidad o por curiosidad, exigen un recorrido por la historia. Pero no se divierten en este recorrido. Adoptan la expresión de las enfermeras cuando intercambian miradas furtivas sobre el goteo. Vale, entonces decidme qué hacer. Me aconsejan no hacer nada, no escribir nada; solo dormir un poco e instalar un sistema de alarma. Tienen buenas intenciones. Sin embargo, lo que no entienden es que si no recupero lo que he perdido, será como perderlo dos veces.

Al principio insisto en que no hay trauma. Siendo neoyorquina, mi umbral de experiencias imborrables implica que me dejen inconsciente y me metan en un barril. Ni siquiera estaba en casa cuando ocurrió. Sin embargo, el trauma se me agarra a la pierna como un perro. Recojo las costras de la memoria, recordando el sonido del colgante de ámbar chisporroteando en la cadena. En el metro me fijo en las joyas de otras personas, collares en expositores carnosos. Paso el pulgar por la base del meñique, como si al empujar lo suficiente pudiese aparecer un anillo.

¿Estoy demasiado apegada a estos objetos? ¿Es este un nivel indigno de apego para una mujer adulta?

Una hora. Una miserable hora.

Había ido a hacerme una radiografía de la mano cerca de casa, de modo que dejé atrás los anillos de plata que he llevado todos los días en los últimos veinte años. ¿Y qué se puede decir sobre esto? «Suerte» es una mala palabra cuando no la tienes. No hay señales de que hayan forzado la puerta cuando vuelvo, aunque esto no es algo que generalmente revise al llegar a casa. Pero entonces veo varios de los cajones de cerámica donde guardo las joyas hechos añicos en el suelo del dormitorio. Lo primero que pienso es: «¿Ha habido un terremoto?». El gato ha envejecido con todo el alboroto. Entonces, me fijo en el resto de los cajones, volcados encima de la cama, y sigo el rastro hasta la ventana abierta. La mayoría de los acontecimientos traumáticos presentan su magnitud y su forma bastante rápido. Sin embargo, algunos se despliegan lentamente, como un puño que se afloja. Cuando llamo al 911, mi voz suena apremiante, pero inquisitiva. Es la voz de alguien que se ha subido a un tren mientras las puertas se cerraban. «¿Este es el tren directo? ¿Me he subido en el tren directo?» Nunca se me había pasado por la cabeza que los operadores del 911 deben escuchar con calma a una cantidad escalofriante de personas buscando confirmación sobre si deberían estar llamando siquiera. La operadora está bromeando con una compañera cuando atiende la llamada. Casi no puede recomponerse a tiempo. «Nueve, ja, ja, uno uno, ¿cuál es su emergencia?», pregunta.

Mi amigo Russell, que ahora está muerto, entra en la historia antes de que empiece. En cierto modo, el ladrón también le está robando a él. Él estuvo allí primero. Los cajones de cerámica destrozados pertenecen a un especiero holandés de los años veinte que compramos juntos, en los pasillos cubiertos de hierba de un mercadillo en Connecticut. Esto fue hace quince años, cuando yo aún trabajaba en el mundo editorial, cuando Russell todavía era mi jefe, un apelativo que seguí usando durante mucho tiempo después de que dejase de poder decirme lo que tenía que hacer. Ya no le gustaba mucho cuando sí podía aplicarse. «Yo te presento a la gente como mi amiga, ¿sabes?», decía herido. El hecho de que uno de los dos pudiese despedir al otro era irrelevante. Nuestros cargos laborales, director ejecutivo de publicidad y directora asociada de publicidad, eran secuencias de código sin sentido.

El peaje por las visitas de fin de semana a la casa que compartía con su pareja era una alarma para despertarse a las seis de la mañana, conducir hasta el borde de un campo y beber café instantáneo en tazas de espuma. Su compañero y yo nos arrastrábamos medio adormilados mientras Russell pasaba rápidamente entre las mantas sujetas por baratijas: coladores rotos, conejitos desafortunados, botellas opacas de la ley seca, cojines con el texto «si vivieses aquí, ya estarías en casa» bordado.

Un mercadillo es la intersección perfecta entre austeridad y gusto, y nadie lo sabía mejor que Russell. Ningún bazar había visto a un regateador como él: la sonrisa traviesa de un niño, el encanto atemporal de una estrella de cine, la agudeza competitiva de un espartano. Mira esa cara transparente, como la de una muñeca, esos ojos de color azul grisáceo, esa mata de pelo entrecano que parecía arrancada del tejado de una casa de campo inglesa. Parece grotesco continuar, lanzarse a una descripción de esta persona a la que tanto quería. Uno de esos raros casos en que menos información haría la vida más fácil. La restricción de rasgos es una traición necesaria de los muertos, pero uno tiene que andar con cuidado en situaciones como estas. Una vez me pidieron que publicara las memorias de una mujer cuya madre había muerto, pero cuanto más me decía el libro que pensara en ella como la mejor de las madres, menos podía seguir las instrucciones. Me supo mal por la autora, por el hecho de que su preciosa relación estuviese en manos de alguien que no se conmovía ante los detalles. Aunque eso es lo que sucede al no escribir «echo de menos a esta persona», sino «echa de menos a esta persona como yo lo hago». Es demasiado blanqueo de empatía.

Así que, por ahora, en lugar de describir con más detalles a Russell, solo te pediré que centres tu atención en la vez que la revista *Martha Stewart Living* se ofreció a fotografiar su colección de jarras de agua de cerámica de mediados de siglo. Él se negó. Le preocupaba no volver a experimentar la alegría de desplumar a un vendedor incauto.

«Mira lo que hicieron con el vidrio opalino.»

Russell fue el primero en detectar el especiero. Me arrastró de la manga para que fuera a verlo, sugiriendo que podría usarlo para guardar joyas. Sin embargo, en la tierra de los artículos a 5 dólares, el especiero costaba más de 100. Me daba vergüenza no poder conseguir que el vendedor cediese, de modo que en su lugar compré unos parches de las chicas *scouts* en los que se veía a niñas haciendo cosas sanas como partir troncos. Russell insistió en que si el especiero seguía allí cuando saliésemos, tenía que quedármelo. Él mismo me lo llevaría a la ciudad.

«Te lo dije. Te estaba esperando», dijo mientras ayudaba al vendedor a envolverlo.

No estamos hablando del típico especiero. Es un artículo grandioso, de casi un metro de ancho, con un sólido marco de madera en el que se deslizan catorce cajones blancos pintados con molduras verdes. Se construyó en Holanda, así que los cajones están etiquetados en holandés. Los más pequeños son para *peper* y *saffraan*; los más grandes, para *suiker* y *thee*. En el centro tienen una puerta de cerámica con un pomo de peltre, con una etiqueta que dice *eieren*. Podría decir que no sé en qué planeta los huevos se consideran especias, pero en realidad sí lo sé: en los Países Bajos. Detrás de la puerta de los huevos hay dos estantes de madera estrechos y seis huecos en cada uno. Son ideales para colgar collares.

Cuando el ladrón abre la puerta de los huevos agarra los estantes como alguien agarraría una bola en una bolera. O como si fuese un apicultor excepcionalmente agresivo. Tira tan bruscamente de ellos que una cadena de oro se queda atrapada y se parte en dos.

Mientras espero a que llegue la policía, llamo a Russell para confesarle lo que ha ocurrido. Es mi persona favorita, quien de algún modo me ve como quiero que me vean y como realmente soy a la vez; la persona cuya confianza en mí a lo largo de los años ha sido la más merecida (no es mi padre), la más pura (no es mi novio) y la más indulgente (es mi amigo). Por supuesto, hay días en los que no es mi persona favorita, días en los que le pagaría para que fuese un poco menos él. Sin embargo, mi instinto por contárselo todo inmediatamente, por vaciarme los bolsillos de historias para él, siempre ha sido muy fuerte. Ser una persona adulta y admirar a otra persona adulta es una sensación extraña. No se trata solo de tenerlo en alta estima, sino también de adoptar sus gustos y sentirte halagada cuando él adopta los tuyos. La razón por la que dudaba en demostrar mis pobres habilidades para el regateo ante Russell era que quería que no hubiese ninguna división entre nosotros. Quería que fuéramos siempre iguales.

Llamarlo realmente me parece una confesión, como si hubiese tenido que proteger lo que tenía mientras aún era mío. Es más difícil contarle lo del robo a Russell de lo que lo sería explicárselo a mi madre, una descendiente directa de la torturadora de niñas que lanzaba pulseras. Mi madre se distraería con el asunto de mi seguridad personal. Sin embargo, Russell entiende los objetos como avatares espirituales, más leales que la mayoría, más tolerables que ninguno. Y precisamente por este motivo su reacción me sorprende.

Adora las historias de mi malvada y avara abuela, de su *joie de vivre* a lo Joan Crawford, y lamenta que me hayan arrebatado sus recordatorios físicos, pero lo desmonta totalmente que se hayan llevado los estantes para huevos. Se mortifica por su desaparición, como si esta acción perteneciera a la película de atracos equivocada. Cuando le recuerdo las joyas reales que se han llevado (la cadena partida en dos, los anillos que él hacía girar de manera mecánica en la palma de la mano durante nuestras charlas en su porche), desvía de nuevo la conversación a los estantes. «Es tan innecesario...» Su ausencia del especiero no ha añadido agravio al daño; su ausencia «es» el daño. Pasará mucho tiempo antes de que me dé cuenta de que esto se debe a que Russell no puede soportar la tristeza de una transgresión mayor. No puede soportar la tristeza, punto.

Llegan dos policías. Estos son los primeros agentes que acuden al lugar. Me apoyo en el marco de la puerta mientras suben ruidosamente por la escalera, preguntándome cómo estoy. Les digo que «no muy bien» y los invito a entrar con un movimiento de brazo.

—Muy bien, háganos el recorrido —dice el primer policía.

Los acompaño al dormitorio, donde, como grupo, llegamos a la conclusión de que hay una ventana. Luego volvemos al salón, donde el segundo policía me informa de que mi portátil está en la mesa. Aparecen tres agentes más, entre ellos una con un kit para huellas dactilares. Tiene un aire de competencia. Cuando pide permiso para aplicar el polvo para buscar huellas, me pregunto en qué circunstancias yo no querría que lo hiciera.

—Se ensucia todo —me explica—. Pareces una persona pulcra.

Normalmente lo aceptaría como un cumplido, pero ya he empezado a buscar pistas sobre cómo podría haber provocado esto. He empezado a preguntarme cuánto podía tener que ver en este crimen mi evaluación externa como persona en el mundo, una que tiene los bienes materiales suficientes como para necesitar un especiero. Esta idea de que no se trata de un delito de conveniencia, sino de cálculo, es peligrosa. Puedo sentirla relamiéndose en un rincón. Recibo muchos paquetes. Que los paquetes contengan libros o galeradas de libros no es algo que pueda explicar a una mente maestra criminal con carácter retroactivo. Vivo en el West Village, en un edificio mediocre rodeado de fortalezas extravagantes. No puedo pagar un alquiler en este barrio y no tener nada, aunque puedo no tener nada porque pago un alquiler aquí. Es un misterio. Sin embargo, tal vez ningún factor es tan extraño como el hecho de que hace cuatro años publiqué una novela entera sobre joyas robadas.

Nuestro héroe irrumpe en un *château* francés para robar un collar. Lo hace escalando un muro y trepando por la ventana de uno de los dormitorios.

¿La novela ha provocado esto? Más bien, ¿hay suficientes ejemplares de la novela en circulación para haberlo provocado? Esta línea de preocupación nace de una mezcla infame de ego y paranoia. No la contemplaría si no fuera por un detalle menor: se han llevado todas mis joyas.

Mientras los policías me hacen preguntas, voces estáticas saliendo de su cadera, mis pensamientos entran en el séptimo círculo del sexismo. Claramente esto me ha pasado porque soy una mujer, atrapada en la tormenta perfecta de profesión y edad. Soy de una generación que infló los currículums e implementó los adverbios. Teníamos que parecer atractivos antes de los albores de las redes sociales, cuando no había un popurrí diario del yo y, por lo tanto, también había menos espacio para el autodesprecio. Si conseguías la atención de alguien, te peinabas y te ponías pantalones. Hacías que mereciera la pena. Como adultas, las mujeres como yo estamos atrapadas en el medio de todos estos mensajes, por detrás de quienes se visten de gala para subirse a un avión y por delante de quienes se visten de manera informal para las citas. Tal vez mi trabajo no ha sido tan sobresaliente como pensaba, a horcajadas sobre la línea que separa la generación exhibicionista de la generación «lo que sea».

Aun así, la idea de que he sido castigada por la empresa de dudoso impacto que es la promoción de libros me hace querer abrir un agujero en la pared de un puñetazo. Pienso en el crítico literario mayor que yo que una vez, en una fiesta, se cruzó una sala para reprenderme por publicar fotos mías en Instagram. Guardián autoproclamado de la pureza de esa plataforma, decidió que «las fotos deberían ser de lo que tú ves, no de lo que el mundo ve cuando te ve».

—¿Tiene enemigos? —pregunta uno de los policías, acorralando mi atención.

—Disculpe, ¿qué?

—Enemigos.

—¿Archienemigos?

—No, enemigos.

—Ah.

Veo a la agente de la policía científica en mi dormitorio desempaquetando su equipo, añadiendo objetos a la habitación. Su trabajo es muy distinto al del ladrón. Me acerco a ella y comparto mi teoría sobre la promoción del libro. Le explico que, cuando salió la novela, escribí un artículo para una revista de moda sobre la relación entre las joyas y el sentimentalismo. Ella asiente. Está desempolvando con una pluma una pila de libros de bolsillo.

—Había fotografías en la revista —digo, como si ella hubiese olvidado de qué estamos hablando de forma espontánea.

—¿De este piso?

—No, de uno antiguo.

—Quizá el ladrón lee esa revista.

Me río, descartando mi propia teoría al escucharla en boca de otra persona.

—Seguro que los números antiguos no.

Ella resopla. Yo resoplo. Nos estamos divirtiendo, ¿no? Teniendo en cuenta la situación.

Por fin llega un detective musculoso que se apretuja para pasar entre sus colegas. Lleva una corbata morada y un traje gris que le tira en la zona de las axilas. Intenta refrescarme la memoria a corto plazo: ¿ha habido alguien trabajando en mi piso últimamente? ¿Un manitas? ¿Una empleada doméstica? Niego con la cabeza. ¿Algún invitado? ¿Una fiesta? La única visita reciente es el hombre con el que rompí hace una semana.

Dejemos los lápices un momento. Aquí hay un tufillo a trabajo interno, a menos burocracia. Ahora debo informar a la sala de que este hombre no luchó por la relación precisamente. No reconocería ni una sola de mis joyas si las engullese. Además, es un director creativo que pinta los fines de semana, y no como Francis Bacon. No está en contacto con el elemento criminal. Aun así, me divierto imaginando qué ocurriría si dejo que la policía piense que esta persona tiene el corazón lo suficientemente roto como para vengarse. Los visualizo registrando su casa, encontrando el hacha que tiene clavada en la pared, sin entender que es un arma solo en la medida en que la afectación *hípster* es un arma.

—Tal vez le importabas más de lo que creías —sugiere uno de los policías.

—No. Le importaba exactamente tanto como creía.

Llevaba cinco años trabajando para Russell en el Departamento de Publicidad de Vintage Books, el sello de bolsillo de la legendaria editorial Knopf, cuando me topé con mi propio currículum en la parte trasera de un archivador. Debió de ver a muchos candidatos para mi puesto, porque había garabateado en los márgenes: «Pelo largo castaño. Anillo cuadrado». Me sentí satisfecha y a la vez amenazada por los otros currículums prensados contra el mío; ¿existía un mundo en el que él pensaba que quizá no funcionaríamos? Llevaba el mismo anillo en el dedo índice: un cuadrado de ojo de tigre enmarcado en plata que elogió el día de la entrevista.

Antes de conocer a Russell había trabajado en una editorial más comercial, en la que mis compañeras asistentes habían terminado en el sector de la promoción de libros porque se perdieron en el camino hacia la publicidad corporativa o hacia el mundo académico. En el tiempo que estuve allí, ascendieron a una de ellas, despidieron a otra, una se marchó a la escuela de posgrado y dos se fueron al departamento de relaciones públicas de empresas petroleras. Sin embargo, todas fuimos víctimas de los mismos molestos cortes con el papel de las mismas fotos brillantes de autores. Rellenamos los mismos formularios de horas extras bajo la misma iluminación empotrada y bebimos el mismo café radioactivo de las mismas tazas. Y éramos amigas. Esta es la razón por la cual, incluso después de que Russell me ofreciese el puesto en Vintage, dudaba sobre si abandonar el barco. ¿Y si estas nuevas personas no me gustaban tanto? Le pedí una segunda entrevista.

Hay que ser una clase especial de niñata para hacer lo que hice. Tenía 25 años y no era competente en nada. Sin embargo, Russell me permitió volver a su oficina, donde solté un aluvión de preguntas que él respondió animosamente una por una. Cuando terminé, exhaló de una manera que parecía el preludio de un rechazo. Muchas personas aceptarían ese trabajo incluso sin saber a quién deberían dar parte. Yo todavía no estaba familiarizada con la trayectoria profesional de Russell, pero podía percibir su alcance solo estando sentada frente a él. Su tarjetero estaba abierto por la pestaña «C», de «caro». Después supe que, con la excepción de una temporada en Oxford University Press («mi ausencia laboral», como él la llamaba), llevaba en la empresa desde 1990.

Russell apoyó los codos en su mesa de trabajo, se inclinó hacia delante y, con la mayor moderación que fue capaz de reunir, me preguntó qué diablos pensaba que estaba haciendo.

—¿Disculpe?

—En serio —me dijo—, ¿qué estás haciendo? Es como si te hubiesen admitido en Harvard, pero necesitases un recorrido por los baños antes de decidir.

A principios de siglo, Knopf era la editorial más deseada de Estados Unidos, tanto para publicar como para trabajar en ella. El número de editoriales que podían publicar un libro «grande» eran limitadas, y aquí, bajo un techo venerado, estaba todo el presupuesto de *marketing* de un país pequeño, las primeras tiradas de seis cifras y el cerebro de un par de docenas de ganadores del Premio Nobel. Si un escritor firmaba un contrato con Knopf, era como otorgarle una distinción de caballero menor. Cuando resultaba que un autor prestigioso ya había publicado allí, entonces era un «ah, claro». Vintage era el sello de bolsillo del grupo, una sección comprometida en la que aquellos libros perduraban indefinidamente. Era un archivo digno para los muertos y un jardín adecuado para los vivos. Hogar de clásicos, hogar de segundas oportunidades. Y lo dirigía Russell. Tenía fe ciega en el proyecto. Él mismo lo había cocinado.

Me pidió que fuera hasta su estantería, cerrara los ojos y cogiera un libro. Aquella noche tenía que ir a casa, leerlo y, si no le encontraba valor, entonces no tendría que trabajar para él. Su tono era informal, pero podía oír la preocupación que escondía. Tenía 37 años, doce más que yo, la edad a la que te empiezas a dar cuenta de que solo hay una cantidad limitada de amores en tu vida. Yo, en cambio, era demasiado joven para empezar a llorar por los vínculos en el momento en que los creaba.

Me tocó *Heartburn: el difícil arte de amar*, de Nora Ephron.

Durante la década siguiente, Russell se deleitó diciéndole a la gente que yo «estaba trabajando de camarera en una coctelería» cuando me contrató. Había formulado una corrección del rumbo que sería imperceptible a simple vista (yo dejé de trasladarme a una editorial para trasladarme a otra; incluso el café era el mismo), pero él sabía hacerlo bien. Encuentra a uno de nosotros, tira de la cuerda y encontrarás al otro. La nuestra era la clase de asociación que parecía transferible. Danos un descuento de diseñador y te decoraremos la casa. Danos unos fórceps y asistiremos el parto de tu bebé. Danos mesas de trabajo contiguas y resolveremos tu caso. Nos movíamos con fluidez entre los roles de padre, hija, hermano y subordinada, intercambiando posiciones como se hace en el teatro experimental.

La primera vez que publiqué algo escrito por mí, un ensayo en *The Village Voice*, pensé que quizá tendría que evitar mencionarlo en el trabajo. O por lo menos atribuir su existencia a una casualidad. El ensayo debía de haber tropezado y caído en la bandeja de entrada de un editor. Los medios de comunicación estaban más aislados entonces y las ambiciones secundarias de una persona no la hacían más empleable.

Russell empapeló el pasillo con copias del ensayo. También deslizó unas cuantas por debajo de las puertas de los baños ocupados.

Estamos hablando de una persona que hacía jugarretas con el mismo entusiasmo. Como una brisa traviesa que soplaba entre los árboles que se tomaban a sí mismos demasiado en serio, ejercía de mascota de la oficina. Reorganizaba los objetos de las mesas de trabajo de la gente para ver si se daban cuenta, o dejaba regalos de broma en nuestros casilleros. Recortaba anuncios de cremas médicas y paquetes vacacionales a Siberia y los pegaba en nuestros monitores. Creó una cuenta de correo electrónico falsa de mi gato, desde la cual recibía mensajes del tipo «mamá, ¿cómo es que no viniste a casa anoche?» o «mamá, ¿cómo es que llevas dos días seguidos con la misma ropa?».

Una tarde, después de comer con una autora a la que yo admiraba, volví a mi mesa y me encontré un correo de Russell: «Ver más abajo. Hablemos». Me desplacé hacia abajo en la pantalla:

> Querido Russell:
> Ha sido un placer reunirme contigo y con Sloane hoy. Por favor, no digas nada, pero me parece una chica muy joven para encargarse de mi campaña publicitaria. ¿Hay alguna manera de que puedas supervisarla más de cerca?

Sentí cómo un vacío se expandía por mi pecho mientras intentaba asimilar aquellas palabras. Russell apareció en mi puerta.

—¿Cómo debería responder a esto? —me preguntó, incapaz de contener una risilla.

Miré más detenidamente la dirección de correo electrónico, que era demasiado obvia para ser real. También había un error en la fecha.

—Eres imbécil.

Los dos caímos en la cuenta de que yo podría reenviar el correo a recursos humanos. Russell se lanzó hacia la tecla de borrado. Intenté bloquearlo, pero ganó, haciendo caer una botella llena de refresco por el camino. Mientras recuperábamos el aliento, viendo cómo el refresco goteaba por el borde de mi mesa hacia una regleta, nos dimos cuenta de que la versión enviada del mensaje seguía en su ordenador. Él salió corriendo a toda velocidad por el pasillo. Corrí detrás de él, salté y le agarré el tobillo, y los dos salimos volando y aterrizamos en la implacable moqueta de la oficina. Me raspé el codo. Mi anillo de ojo de tigre le hizo un rasguño en la mejilla.

—Niños —nos saludó nuestro jefe al pasar, pasando por encima de nuestro cuerpo postrado.

Pero, como ya he dicho, no quedan tobillos que agarrar. Es imposible predecir cuánto echarás de menos algo cuando ya no esté para manipular el duelo de antemano. Esquivamos la preocupación por estar dando por sentada nuestra vida, alimentándonos con la mentira de que entendemos el valor de sus componentes. Esta creencia es necesaria para nuestras elecciones, para ordenar las prioridades. Sin embargo, es poco sólida. Puedes jugar al juego de identificar lo que salvarías en un incendio todas las veces que quieras, pero lo máximo que conseguirás es estar en gran parte en lo cierto. Después de pasar más horas de mi vida adulta con este hombre que con cualquier otro, he hecho una lectura bastante decente de lo que Russell significa para mí; pero no se me pasó por la cabeza lo apegada que estaba a esas joyas hasta que empecé a catalogarlas para el informe policial.

Toda una ciudad de baratijas me invade la mente. Como en cualquier silueta urbana, hay partes icónicas, pero también hay sorpresas que aparecen al doblar cada esquina: un broche de turquesa de una amiga de la universidad, un collar de cuentas de mi sobrina, una perla que saqué del mar con mis propias manos. Maldigo mientras escribo sus nombres.

—Joder —digo—. Supongo que necesito mejores cierres para las ventanas.

—Sí —dice uno de los policías—. Eso y una hucha para las palabrotas.

No sé dónde ha aparcado su camión de nabos este policía de la ciudad de Nueva York, pero intento recordar a esas chicas *scouts* con sus insignias, esas ciudadanas honorables. Pero, ¡ay!, los parches han desaparecido. Estaban en el maldito especiero.

—¿Sabe qué? —le digo—. Bienvenido a Nueva York. Te entran a robar y la gente dice palabrotas. Todo el mundo aprende una lección.

Aplaudo mientras lo digo: «Todo. El. Mundo. Aprende. Una. Lección».

Después de que me tomen las huellas dactilares, los acompaño a la puerta. Dejo manchas en el pomo de latón al cerrarla. Las huellas dactilares no se desintegran, y las mías están por todo el piso, en diversos estados de claridad. Quizá las del ladrón también están aquí ahora. De alguna manera esto no me perturba tanto como la idea de que mis huellas dactilares estén «fuera» de mi piso, en movimiento, polizones aceitosos en superficies robadas. Aun así, me alegro de estar sola. El robo se está gestando, maximizándose y minimizándose con cada respiración. Necesito silencio para poder escucharlo y, de este modo, poder entender su dimensión. Está emitiendo un gemido constante que todavía no entiendo que también tiene que ver con Russell. Su especiero. Su gusto. Su idea brillante. Su satisfacción al cargarlo en el coche. Sus huellas mezcladas con las mías.

Me paso la mitad de la noche despierta limpiando el polvillo para revelar huellas dactilares, lo cual, irónicamente, se parece mucho a limpiar sangre. Vas arremolinando el carbono en círculos hasta que, cuatro o cinco fajos de papel de cocina más tarde, accede a irse contigo. Antes acostarme me froto debajo de las uñas, pero las yemas de los dedos de los pies seguirán negras durante semanas. Semanas durante las cuales me quedaré parada frente al especiero de la misma manera en que la gata se queda parada frente al comedero automático, como tratando de verter así su contenido en el bol. Presiono la sien contra el marco de madera. Estoy esperando a que las cosas que amo vuelvan a mí para decirme que solo estaban de cachondeo.

Russell no tenía ninguna facilidad para la política de oficina. Era un mentor excelente siempre que no esperaras nada parecido a la paciencia. Tenía una cita, que se atribuía a Luis XIV, fijada encima de su mesa de trabajo: «Casi me he visto obligado a esperar». Este tipo de estilo directivo contundente no solo se toleraba, sino que se protegía, en los editores de libros que se habían pasado años elaborando armaduras interpersonales, repartiendo el contacto visual como si fuese un recurso finito. No era el caso de los publicistas. A nosotros nos contrataban para interactuar, para dar aliento, para suavizar los extremos de cualquier conversación. Poco después de dejar Vintage para dedicarme a escribir a tiempo completo, tuve una idea para un piloto de televisión, una comedia que se desarrollaría en el departamento de recursos humanos de una editorial. Como había trabajado en el edificio y conocía sus personalidades, el director de recursos humanos accedió a compartir algunas historias «generalmente pintorescas». Sin nombres, subrayó de antemano, y sin conjeturas sobre los nombres. Aunque sí me pidió que escribiese una propia: ¿quién decía que era mi jefe?

—Ah, bueno —dijo—, podrías hacer un *spin-off* entero de ese.

En su propia defensa, diré que a Russell le encantaba contar lo que él llamaba una fábula de antes de que yo trabajara allí, sobre una mujer que acudió a él para una entrevista informativa. Era organizada y leída, y no entendía por qué nadie la contrataba. Russell no perdió la oportunidad de explicárselo.

—Primero de todo —dijo—, me has preguntado dónde estaba mi oficina, y esa información está en la firma de mi *email*. Así que me acabas de decir que me darías más trabajo. En segundo lugar, no eres divertida. Este es un departamento de siete personas. Tengo que vivir contigo.

Podía imaginármelo perfectamente garabateando en los márgenes de su currículum: «Aburrida».

Años más tarde, cuando la mujer se convirtió en una editora de un periódico de éxito, le escribió a Russell una nota manuscrita agradeciéndole la franqueza que le cambió la vida. Él la fijó también sobre su mesa de trabajo. A veces la señalaba sin decir palabra, como diciendo: «Habla con la nota».

—Ajá —le decía yo—. Esa es una persona.

Russell era sincero con sus subordinados porque esperaba que ellos también fuesen honestos con él, que le dijeran cuándo un autor no estaba contento, que corrigieran los chistes trillados de sus notas de prensa, que lo reprendieran por llegar tarde a una reunión. Muchos de nosotros aceptamos la admiración incluso si no es para nosotros, incluso si solo se trata de la percepción de nosotros, o de algún servicio que proporcionamos. Nos gusta aparecer en las historias de otras personas siempre y cuando nos den un papel. Sin embargo, Russell insistía en que tenía que ser admirado exactamente por quien era. Tal vez esto tenía algo que ver con pasar la primera mitad de su vida intentando integrarse en un mundo en el que nunca podría ser él mismo totalmente, donde la represión era el precio de ser aceptado. De cualquier modo, a Russell le gustaba decir que, después de ser amado, ser «admirado» es la mejor experiencia que hay.

Y una vez que demostrabas que, ciertamente, lo admirabas,

tenías que mantenerlo. Era como tirarle una pelota a un cacho-
rro. Me mandaba un mensaje y luego aparecía en la puerta de mi
oficina, preguntándome si lo había leído.

—Vete.

—¿Estás molesta conmigo?

—Sí.

—¿Estás de mal humor?

—Ahora sí.

Pero en el instante en que salía enfurruñado por el pasillo yo
rodaba con mi silla detrás de él, suplicándole que volviera.
«Vuelve, vuelve. Por favor, vuelve.»

Y luego llegó el momento de marcharme.

Había una buena razón por la que tanto editores como agentes solían convertirse en escritores y los publicistas raramente lo
hacían. En la era de las llamadas para presentar propuestas, esta
era una situación imposible. Lo que empezó como un problema
amable («¡la chica local lo ha conseguido!») se convirtió en un
problema real. Todas las entrevistas empezaban con la pregunta
de si mis autores estaban molestos conmigo por haber publicado
un libro propio, una idea generalmente ridícula en Knopf. Sin
embargo, de vez en cuando resultaba ser cierta. Dentro de la oficina me vigilaban en busca de señales de negligencia. Fuera de la
oficina, yo era una novedad inusual. Llegó un punto en que un
columnista literario me dijo que tenía espacio para cubrir o bien
el libro que yo había escrito, o bien el libro de la editorial que
quería promocionar. Tenía que escoger.

La mañana de mi renuncia, Russell entró en mi oficina preguntando si creía que deberíamos enviar a una autora al Medio
Oeste para promocionar su libro. Puse la cabeza entre las rodillas y empecé a llorar.

—Entonces, ¿eso es un no a Minneapolis?

Estaba horrorizado. Habíamos superado una década de ame-
nazas de bomba y recortes presupuestarios, de despidos y polémicas literarias, y yo nunca había perdido el control. ¿Qué me

pasaba? ¿Eran mis padres? ¿Un hombre? ¿Finalmente había matado a un hombre?

Respiré profundamente y levanté la mirada para encontrarme con la suya.

—Oh, Dios... —dijo, y cerró la puerta tras de sí.

Mientras sostengo los trozos de un cajón de cerámica en su lugar con una mano, esperando a que se seque el pegamento, respondo un correo electrónico con la otra. Tengo curiosidad por saber cómo puedo funcionar en las horas inmediatamente posteriores al robo, sabiendo de antemano que la respuesta será «bien». Nadie es la primera persona a quien le han pasado cosas malas. La funcionalidad no es el problema. El problema es que nuestra capacidad para lidiar con algo impactante a corto plazo puede hacer que las cosas sean inapreciables a largo plazo. Cuando tragas demasiada tristeza de una vez, te anestesias. La razón por la que parece que no se haya cruzado ningún límite es que el concepto de límite se ha aniquilado. Tal vez lo que llamamos emergencia no existe. Quizá nuestros días no son una mezcla de canciones alegres y tristes, sino notas de la misma canción sensiblera. Aún no has llegado al puente. Sigue tarareando, lo conseguirás.

Las personas como yo, que sobre todo hemos tenido traumas anticipados, traumas de «esto te va a doler de verdad», tenemos tendencia a quedarnos boquiabiertas con lo cerca que está lo ordinario de lo extraordinario. La idea de que la desgracia llega «de la nada» significa que los acontecimientos que nos rodean se vuelven relevantes para reforzar la presencia del evento intruso. Echas la mirada atrás hasta el día de tu accidente de coche y recuerdas que rompiste un vaso en el fregadero aquella mañana. Tú nunca rompes vasos en el fregadero. ¿Qué se puede deducir de ese hecho en el caso de una persona que no espera el trauma? Algo cósmico. ¿En el caso de una persona que espera el trauma? Más o menos nada. Sin embargo, este estado no está exento de utilidad. Como dijo el poeta Rainer Maria Rilke, «la persona que no ha aceptado en algún momento con la máxima determinación el horror absoluto de la vida, e incluso se ha regocijado en él, nunca tomará posesión de los poderes indescriptibles conferidos a nuestra existencia».

Durante años, mi ejemplo más citado de esta metamorfosis de estar con los ojos como platos a estar cansada del mundo era cuando mi tío dejó a mi tía. Ella llegó a casa en su veinticinco aniversario y se encontró con que, además de empacar todas sus pertenencias, mi tío había cambiado el rollo de papel de cocina del dispensador. Si le pedías a mi tía que contara esta historia en los meses siguientes, el rollo de papel sería el detalle constante, siempre emitido con el mismo tono estupefacto, como diciendo: «¿Qué hace esto en esta historia? Sácalo de la historia». Sin embargo, años después, ella lo sabe: ese detalle «es» la historia. Todo es la misma historia.

El día que Russell murió publicó una foto de flores silvestres en Instagram. «*Rudbeckia* que recorre rampante el lado norte del granero», escribió. Supongo que es un signo de nuestros tiempos que las últimas palabras que escribió fuesen en forma de pie de foto. «*Rudbeckia* que recorre rampante.» Qué agradable serie de sonidos. Es tentador conectar la fotografía con lo que sucedió aquella noche. De este modo, el horror posterior no es tan repentino. De esa manera, lo extraordinario tiene una rampa de acceso. Es tentador alcanzar la pantalla, poner la palma de la mano contra la pared del granero y susurrar: «No lo hagas». Pero solo es una foto que hizo antes de salir de casa.

Gracias a mi portero, las noticias sobre el robo se propagan rápidamente. Un vecino ansioso pregunta si se llevaron algo. No, escenificaron un teatro de marionetas con calcetines y se fueron. La niña de 8 años que vive abajo es escueta en su compasión. Pega una nota en mi puerta que dice: «Me sabe mal por ti». Otro vecino se lanza a relatar la vez que alguien le robó la radio del coche. Su historia tiene el beneficio de prepararme para lo que está por venir, para la gente que parece ofenderse cuando no me interesa el amplio prisma de la experiencia humana. Sin embargo, en ningún caso siento afinidad con las personas a quienes les robaron en su casa de la infancia. La siento incluso menos con quienes olvidaron llevarse los portátiles al baño de la cafetería. Siento algo parecido a la repugnancia por aquellas personas cuyos dormitorios de estudiantes fueron saqueados, cuyos CD desaparecieron.

Intento pensar en una forma de que me importen menos las historias de estas personas y lo logro: ojalá les hubieran quitado más posesiones entonces, por tener la desfachatez de sacar a relucir el tema ahora. Créeme: el aspecto de la vulneración en un robo es real. Cerrar las ventanas cada vez que vas a sacar la basura no tiene nada de divertido, ni asumir que cada crujido del entarimado lleva tu nombre. Incluso antes de que llegasen los agentes de policía sabía que dormiría en mi piso aquella noche: se acercaba una batalla psicológica y me negaba a perderla; no en esta economía. Pero también es real el hecho de que la gente se esconde tras la vulneración porque elimina la jerarquía de la pérdida a su favor. Me imponen esa creencia, como si las joyas fueran una preocupación menor. Sin embargo, la vulneración es la parte del transbordador espacial que se desprende para que la pérdida más grande pueda llegar lejos.

Solía burlarme de Russell por antropomorfizar relojes y lámparas, por tratar los mercadillos como si fuesen su orfanato personal. Él creía en las almas de los objetos. Allí era donde residía gran parte de su emoción, en esos anexos de tejidos y cristalería, la miscelánea de la vida de otras personas. Los artículos sin hogar lo inquietaban. No era suficiente que te quedases con el cenicero de cerámica en forma de flamenco; tenías que reconocer su grandeza. Como persona que se había negado a almacenar ejemplares adicionales de sus propios libros, nunca lo entendí.

Durante un tiempo solo soy esto. Cuando una amiga me sugiere que me quede en su casa, no lo entiendo. ¿Quién vigilará si yo no estoy? ¿Quién llevará a cabo el inventario cada hora? Luego mi péndulo oscila en la dirección opuesta. En lugar de guardar objetos, me vuelvo poco cuidadosa con ellos. En una semana pierdo un paraguas, unos auriculares, una tarjeta de la lavandería, un cargador de móvil, unos cuantos mecheros, un libro y una bufanda. Me olvido una bolsa con comida en la caja del supermercado. Envío cartas sin sellos. Me dejo el móvil en la mesita de noche de otra persona. También parece que no puedo aferrarme a mi cartera. La dono en un bar. Luego en el consultorio de mi terapeuta. ¿Qué hacía mi cartera en el consultorio de mi terapeuta? No lo sé. No es una bodega.

Entonces, un día, me suena el móvil en el bolsillo. Es el detective del traje gris. Resulta que hay grabaciones de seguridad del exterior de mi edificio. Las cámaras «encontraron algo» el día del robo y va a venir a revisarlo. Voy corriendo a casa y me reúno con él en el piso de mi portero, un santuario en el que nunca había entrado.

—¿Se le ha ocurrido algo más? —pregunta el detective, mientras mi portero prepara la cinta.

—¿Más de qué?

—¿Alguna pista?

—¿Eso no debería preguntarlo yo?

—Esto es terrible —interviene mi portero.

Está desconsolado porque esto haya sucedido mientras él vigilaba. Él representa los ojos y las orejas de este edificio. Una vez pegó en la zona de los buzones dos fotos casi idénticas del edificio y escribió «¡1987-2017!» con un rotulador permanente, como si el cambio de color del toldo tuviera una importancia antropológica. Durante meses, cada vez que me vea repasará lo que ha visto en las grabaciones de seguridad, como si fuese Oliver Stone viendo la grabación de Zapruder.[1] Recrea físicamente todo el asunto, a veces metiéndose tanto en el papel que simula ser el la-

1. Abraham Zapruder fue un ciudadano rusoestadounidense que grabó el

drón, me presiona los hombros hacia abajo y «escala». Tengo que pedirle formalmente que deje de hacerlo.

El detective pulsa el *play:* un hombre con una mochila se pasea por el exterior del edificio, hablando por teléfono. Mira a la izquierda. Mira a la derecha. Cuando todo está despejado, se cuela por la puerta de servicio. Pasa junto a los contenedores de reciclaje y se precipita a una pared de ladrillos nada desdeñable. Es tan grácil que se me escapa una risa nerviosa. Una vez que se encuentra frente a la parte trasera del edificio tiene varias opciones disponibles, incluidos los pisos de la planta baja. Los ignora. En cambio, mira fijamente mi piso, brinca hacia mi escalera de incendios y queda fuera de la vista. Solo unos cinco minutos más tarde lo volvemos a ver hacer lo mismo, pero a la inversa.

—¡Ostras! —dice mi portero, rompiendo el silencio.

Puedo percibir cómo cae la presión en la sala. Le pido que rebobine hasta la parte en que el ladrón sale. Más despacio. Aún más. «Ahí.» ¿Qué diablos está haciendo?

Los tres entrecerramos los ojos. Se está quitando un guante de látex. No solo no habrá huellas dactilares, sino que la grabación nos ha ofrecido una noticia mucho más inquietante: no fue fortuito que no estuviera en casa. Alguien vino a por mí, alguien me vio salir, alguien que sabía dónde vivía. Y no tengo la costumbre de llevar bordada mi dirección en la ropa. Me estaban vigilando. O, como dice el detective, era «el objetivo». «El objetivo.» El punto lingüístico satisfactorio entre ser «observada» y ser «acosada».

Es entonces cuando la locura, lista para la fiesta, se incorpora a la historia.

Todo el mundo es sospechoso. ¿Era alguien que tomaba drogas o estaba bajo los efectos de las drogas? ¿Alguien lo contrató para que lo hiciera? ¿Le había dado poca propina a un repartidor

---

recorrido del presidente John Fitzgerald Kennedy en Dallas, el 22 de noviembre de 1963 y, por consiguiente, su asesinato. *[N. de la T.]*

que había tenido una reacción salvajemente desproporcionada? Todas las teorías son problemáticas o absurdas. Nada de esto tiene sentido. Falta algo. Cuarenta y un algos, para ser exactos. ¿Y si hubiese llegado a casa antes? ¿Qué habría pasado, entonces? Veo el alivio en la cara de otras personas cuando les cuento que no estaba en casa. Suponen un periodo de tiempo que supera las cuarenta y ocho horas. O veinticuatro. O una.

Russell intenta animarme invitándome a copas. Como todo el mundo, parece entusiasmado con la perspectiva de resolver un misterio, por ver el robo como una buena historia. A diferencia de los demás, parece resignado al hecho de que, realmente, nunca se resolverá. Se ofrece a peinar el mercadillo por mí, pero me hace la sugerencia como un adolescente que trabaja en un centro comercial: «O sea, podemos descontarte un 10 por ciento en la siguiente compra. Si quieres». Sabe que lo hecho, hecho está. Para la mayoría de las personas la historia se desarrolla fuera de su concepción de la normalidad. El robo llegó «de la nada». Sin embargo, a pesar de toda la alegría superficial de Russell, hay un pozo de oscuridad en su interior, un estanque en el que puede meter la mano cuando quiera. El mundo no es tan bonito. Ocurren cosas malas. A veces suceden todas a la vez.

Escucha atentamente, pero con tranquilidad, asintiendo. No habrá ninguna bocanada audible por su parte. «Bien», pienso. No necesito ser la comidilla de nadie más. A cambio le dejo vomitar su teoría descabellada de que el robo es un plan maestro de los vecinos que viven en la casa de piedra rojiza, justo detrás de mi edificio. Durante años su hijo adolescente fiestero ha sido mi «archienemigo».

—¿Crees que esas personas que viven en la casa de diez millones de dólares han contratado a alguien para que me robe las joyas de la graduación? ¿Te parece lógico?

—Me sorprende que tú no lo pienses —dice inquebrantable.

—No lo sé —reflexiono mirando al techo—, creo que prefiero al tipo de Uber Eats para esto.

Juego a ser detective, en parte porque tengo que hacerlo y en parte porque estoy viviendo en la escena de un crimen. Tengo dos misiones: encontrar las joyas y encontrar al hombre que se las llevó. Trabajo de manera independiente.

Envío fotografías a cientos de casas de empeño y visito algunas en persona. Un prestamista me dice que tengo un sólido «instinto de lucha», lo cual me inspira a patearme más las calles, a llamar a más timbres. Los prestamistas son pesimistas, pero agradables. Charlamos, intercambiamos cumplidos, les digo que disfruten de la boda de sus sobrinos. Configuro alertas *online*. No tengo forma de calibrar la experiencia del ladrón, de modo que mantengo los parámetros borrosos, conectando «verde» y «anillo» y haciendo *scroll* por miles de fotos hasta que el móvil me muestra el texto «parece que has llegado al final».

¿Sabías que puedes llegar al final de internet? Pues sí, se puede.

El ladrón llevaba una tarjeta de identificación plastificada sujeta al bolsillo, así que pregunto en hospitales, hoteles y obras. Nadie puede ayudarme. Aun así, nadie me puede parar. Un día, al salir de mi edificio, veo a un hombre que es físicamente opuesto al ladrón en todos los sentidos, inclinado sobre algún tipo de andamio. ¿Por qué tanta inclinación? Camino tres manzanas antes de ceder a las ganas de volver corriendo atrás. Subo deprisa la escalera y abro de golpe la puerta de mi casa. La gata pestañea.

El robo es un tornado que desgarra las inseguridades y expone sus raíces. Todo es culpa mía por no mudarme de casa ni de ciudad, por no aceptar determinados trabajos ni casarme con determinados hombres, por mirar siempre atrás cuando debería mirar hacia delante. Me obsesiono demasiado. Me aferro a cosas a las que no debería aferrarme, a personas a quienes no debería aferrarme. Si tú no cambias, el cambio te encontrará de la forma más indómita. Aplastará tus vulnerabilidades hasta que desaparezcan. La vida necesita voluntarios o, de lo contrario, empezará a llamar a personas al azar. Prometo cambiar. Si alguien me quita el bloqueo mental que me impide resolver este misterio, responder a esta única pregunta, prometo que voy a avanzar. ¿Cuál es el comportamiento que he justificado tan bien que ya no soy capaz de identificarlo como una búsqueda del castigo? ¿Es el bloqueo estándar que evita que cualquiera de nosotros sepa cómo nos ve el mundo? «Las fotos deberían ser de lo que tú ves, no de lo que el mundo ve cuando te ve.»

Pienso que tal vez el ladrón tenía un puesto de vigilancia.

Dejo un mensaje en la cafetería de enfrente en el que le pido al gerente que eche un vistazo a sus grabaciones de seguridad. Me llama esa tarde y me dice que, efectivamente, hay algo sospechoso. Dos hombres de aspecto fornido entraron media hora antes del robo y se sentaron junto a la ventana que está frente a mi edificio. Uno de ellos pidió un *muffin* de arándanos. El otro no pidió nada porque... porque...

No es capaz de pronunciar las palabras. Todo es demasiado horrible.

—... Porque entró con una taza de Starbucks.

No soy ninguna experta en leyes, pero estoy bastante segura de que eso hace que esa persona sea culpable de haber ido a Starbucks. Aun así, el gerente insiste en mandarme el vídeo por correo electrónico.

Los sospechosos visten camisetas de *rugby* con rayas horizontales. Tienen los brazos cubiertos de tatuajes. Uno de ellos lleva un pendiente reflectante. Parecen porteros de discoteca. Estoy vestida solo con mi albornoz, sentada en el suelo, y llevo seis minutos viendo una grabación de dos hombres adultos compartiendo un *muffin*, cuando decido que no puedo seguir así.

Un grupo de apoyo para el duelo parece algo drástico y a la vez factible. No tendré tanta exclusividad sobre el robo si estoy rodeada de otras personas a quienes también han robado. Me sentiré bien al mostrar deferencia en el momento en que alguien diga «enmascarado» o «a punta de pistola». Sin embargo, cuando busco un lugar al que ir no encuentro ninguno. Hay espacios, algunos literales y otros virtuales, para quienes se han quedado atrás a causa del cáncer, ataques cardiacos, desastres naturales y actos terroristas. Hay conversaciones pensadas para viudas, padres e hijos. Pero no hay grupos de duelo para «cosas». No existen. Siento que tu casa saliese volando por los aires, pero solo era una casa. El duelo es por las personas, no por las cosas. Todo el mundo parece entenderlo. Casi todo el mundo. Personas como Russell, o como yo ahora mismo, no sabemos adónde pertenece la tristeza. Tendemos a reunir todas las partes solitarias, reverberantes e inescrutables de nosotros mismos y las metemos en cajones o las colocamos en pequeños estantes de madera, inyectando nuestros sentimientos en objetos que no nos juzgarán ni nos abandonarán, de modo que nos aferramos al pasado de esta manera tangible. ¿Y qué hacen los demás? Los demás tienen claras sus prioridades.

Al fin llega algo de consuelo de un lugar inesperado.

Mi amiga Charlotte me invita a cenar con sus padres. Accedo porque no son mis padres y porque el restaurante está cerca del piso que al parecer debo vigilar a todas horas. Sacan a colación el robo con la advertencia de que no tengo por qué hablar de ello si no me apetece. De nuevo: no son mis padres. Cuando llego a la mitad de la historia, me doy cuenta de que la madre de Charlotte está embelesada. A ella le pasó algo parecido. Me preparo para más drama de residencia de estudiantes.

Me explica que, cuando sus hijos eran pequeños, vivían en un edificio que tenía un empleado que limpiaba las ventanas. Un día el limpiador de ventanas anunció que dejaría la empresa de limpieza para iniciar un negocio propio y le preguntó a la madre de Charlotte si seguiría contratándolo. Por supuesto que lo haría, le dijo. Sin embargo, unas semanas más tarde, buscando el broche que su abuela le trajo de Suecia cuando emigró, se dio cuenta de que había desaparecido. Nunca pudo probar que aquel hombre fuese el culpable y ahora era imposible rastrearlo a través de su antiguo jefe. Aun así, continuó buscando. Cinco años después, cuando leyó que lo habían condenado por un delito no relacionado con el robo, condujo hasta la prisión de Rikers, donde se pasó medio día sentada en la sala de espera.

—Se negaron a darle el mensaje —dice— y yo dije: «Vale, esperaré aquí».

Finalmente, uno de los guardias cedió. Accedió a transmitirle solo una pregunta: «¿Qué pasó con el broche?». Era lo único que ella quería saber. No iba a presentar cargos. Él ya estaba en la cárcel. Solo quería saberlo.

El resto de las personas de la mesa han desconectado, pues ya han oído la historia antes. Se lanzan a la *pizza* y deliberan con el camarero sobre el vino. Pero yo estoy en vilo. Una de nosotras es una mujer sueca septuagenaria, pero ambas somos descendientes de inmigrantes. Quizá no es que amáramos demasiado esos objetos, sino que son las únicas pruebas que tenemos de nuestros ancestros.

—Y entonces —dice—, el guardia regresó.

—¿Y?

—Dijo que el limpiador de ventanas sacó los rubíes y fundió el resto. Lo desarmó pieza por pieza.

La voz se le quiebra, los ojos se le llenan de lágrimas. Esto ocurrió hace treinta años. Me invade un sentimiento de horror y alivio a la vez. Es sorprendente la armonía con la que encajan. Como por arte de magia, puedo ver hasta el último artículo en la mochila del ladrón. Todos los plásticos y las resinas están en la basura. Está traficando con el colgante de ámbar en este mismo momento. Las piezas más pequeñas, como los colgantes de mi infancia, se están fundiendo. ¿Y el anillo de cúpula verde? Desmontado con un par de alicates. He estado muy desesperada por volver a la tarde del 27 de junio, cuando entré en mi dormitorio. «¿Qué sabías? Vamos, ¿qué sabías?» Por fin me he encontrado en un momento con la misma frecuencia que en ese primer momento. Y sabía tres cosas...

Sabía que mi piso era el único afectado.

Sabía que nunca volvería a ver aquel anillo.

Sabía que tenía que aprender a aceptar que nunca sabría por qué.

Tres noches antes de que Russell muera me lo llevo a cenar. Ha accedido a quedarse con mi gata geriátrica mientras estoy en un festival literario en Australia, y ha venido a mi barrio para conseguir un bocadillo de langosta gratis y una lección en estimulantes del apetito felino. Finge que todo esto le fastidia, pero siempre ha tenido debilidad por la gata. Al fin y al cabo, es la única persona que sabe la contraseña de su correo electrónico.

Incluso después de todo este tiempo es extraño verlo quitarse los zapatos y sentarse en mi mobiliario, saber que dormirá en mi cama, que me reprenderá por mi nevera escasamente abastecida. Mi antiguo jefe, con el pelo más blanco que negro ahora mismo. A veces, nuestra relación nos pilla desprevenidos, pues está a la vez demasiado definida y apenas definida. No somos marido y mujer. Tendemos a pensar que el otro está exagerando cuando nos quejamos de nuestra familia, y ninguno de los dos se ha visto forzado a pasar unas vacaciones con esas personas. No soy su persona. Él ya tiene a una persona. ¿Y entonces? Todos los hombres con quienes he salido han sentido la presencia de un segundo padre, y su pareja ha sentido la presencia de una hija.

Durante la cena, Russell pide lo que yo pido. Al principio, la conversación es superficial. Su sobrino vendrá pronto de visita a la ciudad y Russell le ha prometido enseñarle cosas. ¿Qué creo yo que le gusta hacer y comer a un joven de 20 años? Me encojo de hombros. ¿Prostitutas y perritos calientes? Seguimos con los temas del trabajo y de la vida doméstica. A ninguno de los dos nos va muy bien, pero hace tiempo que a ninguno de los dos nos va muy bien. Russell reconoce que no es «fácil» vivir con él, que esta es una forma suave de decirlo, aunque nunca ha tenido mucho interés en cambiar. La inercia lo invade, y él, como siempre, descarta las sugerencias para la resolución de problemas. Todos tenemos nuestras zonas de confort de descontento. La mía se centra en el romance y el fin del mundo. La de Russell se centra en el romance y el fin del mundo editorial. Cuando expreso una visión soñadora de la época en la que trabajaba en el otro lado de nuestra industria, insiste en que lo que yo recuerdo ya no existe. La vida moderna lo ha asfixiado. Hace años que van cayendo trozos del techo. ¿Cómo no me he dado cuenta? Lo corto.

Después de cenar me acompaña a casa. Mientras nos despedimos me pregunta qué hay de nuevo sobre el robo y comparto con él mi última revelación. Nunca encontraré el anillo de cúpula porque ya no existe. Era su favorito. Le gustaba sostenerlo a contraluz y mirarlo desde abajo. Decía que su estructura parecía el techo de un museo en miniatura, tal vez el Musée d'Orsay de París. Bromearía sobre que yo le entregara el anillo a cambio de chismes, a cambio de promoción, a cambio de su rollito de primavera. Pero yo diría que el anillo no valía la pena a cambio de no tener una abuela. No pensamos «en serio» que una cosa puede reemplazar a una persona..., ¿verdad? Él sonreiría y contratacaría con «las joyas son la respuesta a un acertijo. ¿Qué cumple años, pero no envejece nunca?».

Se está haciendo tarde. La calle está vacía. El restaurante ha cerrado mientras aún estábamos dentro. No han sido nada sutiles al respecto.

—Si te sirve de consuelo —dice abrazándome—, no puedes llevártelo contigo cuando te vayas.

Estas son las últimas palabras que me dirá.

Unas noches más tarde, el sábado 27 de julio, Russell está en Connecticut. Lleva a los perros a dar un paseo al atardecer mientras su marido lee en el porche. Deja que los perros vuelvan a entrar en la casa por una puerta mosquitera que puedo oír repiquetear si me esfuerzo. Luego enciende el televisor en el salón y sale de la casa una vez más, cruzando el patio. Tiene a la altura de los ojos sus queridas gallinas, dormidas en el gallinero. Llevan los nombres de antiguas compañeras de trabajo y personas famosas muertas («Lana Turner casi te da un picotazo en los ojos este fin de semana»). Bajando la pendiente está el huerto con el ruibarbo que nadie se come. Enterradas bajo tierra están las hileras de ajos que planta todos los años. Entonces entra en el granero y se cuelga de una viga.

Es difícil conocer la dimensión de las cosas. Lidiar con la dimensión de las cosas. ¿Estoy haciendo nuestra amistad más grande de lo que era para evitar que se vuelva más pequeña? ¿Estoy empequeñeciendo el robo para evitar que se vuelva más grande? ¿Estoy proyectando un significado compartido en unos acontecimientos sin ninguna relación? El mundo no es tan bonito. Ocurren cosas malas. A veces suceden todas a la vez. Todo está enmarañado. Me siento confundida en el sentido médico, como un efecto secundario en un frasco. Intelectualmente sé que, si esta debe ser la historia, la de un delito seguido de un suicidio, debería tener entradas separadas: una para la mosca y otra para el elefante. Con toda probabilidad será así en el futuro. La perspectiva será dolorosa, pero natural. Un día solo estará Russell y, ocasionalmente, si cuento la historia durante el tiempo suficiente, un robo que sucedió «más o menos al mismo tiempo». Pero estamos muy lejos del futuro.

Ahora mismo, cada vez que intento separar estas pérdidas, evitar que la primera se contamine de la segunda, se vuelven a juntar como imanes. Se hacen compañía en la oscuridad, como hermanas abominables. Conversan entre sí. A veces estoy al tanto de la conversación, otras no. Tienen su lenguaje propio.

La autora a la que admiraba, aquella de quien Russell falsificó un correo electrónico, era Joan Didion. El día que me entero de que Russell ha muerto, un detalle de *El año del pensamiento mágico* vuelve rápidamente a mí. Poco después de que muriese el marido de Didion, murió Julia Child. Didion expresó alivio. Tenía «la sensación de que esto finalmente estaba funcionando», porque entonces Julia y John podrían cenar juntos. En ese momento me resultó difícil de creer que realmente pensara eso. «Si hubiera estado operando en mi mente racional, no hubiese estado albergando fantasías que no habrían estado fuera de lugar en un velatorio irlandés», escribió. Y ahora yo me encuentro inmersa en una fantasía similar. En esta fantasía, Russell es quien encuentra las joyas. Porque en esta fantasía hay una sección de objetos perdidos en el cielo donde los muertos pueden examinar cuidadosamente los artículos y coger lo que quieran. De este modo tienen algo que amar y esas cosas son amadas de nuevo. Así cumplen años, pero no envejecen.

Creo que presionaríamos el botón al mismo tiempo. Eso es lo que pienso.

Es lunes por la mañana y estoy saliendo de la consulta de mi terapeuta en el Upper East Side cuando recibo la llamada. Cuando veo «Russell (casa)» en la pantalla sé que no es él. Son las 9.38 horas. A Russell le gusta llegar pronto a la oficina para pasar el resto del día alternando entre atormentar a la ligera a su equipo y darles dulces. No está en Connecticut, no puede ser. Aunque quizá yo no lo sabía. Ha pasado mucho tiempo desde la última vez que estuvimos juntos en su porche, desde que abrí todos los cajones de la cocina, buscando una cuchara. Todos mis amigos saben de la existencia de Russell; por lo menos la mitad no ha llegado a conocerlo.

Dejo que la llamada pase al buzón de voz. Sé que algo va mal. Solo que no sé cuánto de mal. ¿Vuelvo a casa? Debería desayunar primero. Si han despedido a Russell, necesitaré tener una capa de pan en el estómago antes de que empecemos a beber. Si está en coma, cuando se despierte le divertirá saber que me tragué un cruasán entero, como un pelícano. Así que eso es lo que hago: me compro un bollo grasiento en un puesto de café. Russell tenía la teoría de que el mejor plan de pérdida de peso era simplemente evitar consumir cualquier alimento con el que tampoco te frotarías la cara. Quiero reírme al pensar en él diciendo esto, pero no puedo. Algo va mal.

Antes de que pueda devolver la llamada vuelve a sonar el teléfono. Esta vez lo cojo. Es el marido de Russell, que me pregunta si estoy sola.

—¿Y qué llevas puesto?

Puedo sentir lo inapropiada que será esta broma en cuestión de segundos. Pero pienso que si digo lo que normalmente diría, quizá todo estará bien.

Me lo dice. El tiempo no se detiene, sino que se eleva y lo pierdo de vista. Principalmente trato de calcular cómo encaja una historia tan grande en mi oído. Mi primer impulso es intentar fingir que esta es una verdad antigua, que Russell murió hace mucho tiempo. O que nunca lo conocí. O que ninguno de los dos llegó a nacer nunca. Si retrocedo lo suficiente, puedo arrancar la historia desde la raíz. Corro a una papelera para vomitar.

Después me siento en la acera como un perro senil. La gente me mira. En algún momento me levanto, camino hacia el oeste y cruzo Central Park, mirando los árboles. «¿Tenéis algo que decir, árboles? No, por supuesto que no. Vivís para expandiros, no para retraeros. El suicidio está por encima de vuestro nivel salarial.»

Ya al otro lado del parque, me dejo llevar hasta mi antiguo edificio. Me siento en la escalera de entrada, hago llamadas, arruino los días de personas que no deberían enterarse de esto *online*, pero que puede que no lo hicieran de otro modo. Egoístamente, quiero testigos, gente para confirmar que esto está ocurriendo. Pero también sé que eso es lo que Russell haría si los papeles se invirtieran. Me volvió una buena publicista, tanto que incluso ahora, en este momento terrible, no me puedo sacudir la necesidad de elaborar la historia. Hacerla digestible para los demás incluso cuando yo aún la estoy digiriendo. Me enciendo un cigarrillo entre llamadas, expulsando el humo hacia mi antigua ventana. Russell alquiló un estudio por aquí, lejos del centro. Se desplazaba a la oficina desde ese estudio entre semana en lugar de ir y venir desde Connecticut. Cuando el tiempo era cálido, me acompañaba andando a casa. Cuando hacía frío, también. Puedo verlo con mucha claridad, planeando sobre esos hexágonos de pavimento que enmarcan el parque, yo rogándole que fuese más lento.

—¿Adónde vas con tanta prisa?

—A ningún sitio, ¡pero me gustaría llegar este siglo!

Están sus zapatos de piel, moviéndose tan rápido que sus pies parecen el balancín de una mecedora. Desgastaba las suelas hasta que hablaban. Ahora, aquí están otra vez los zapatos, lanzados al aire. Presiono la frente contra el pasamanos de la escalera hasta que duele. Detrás de mí se abre y se cierra la puerta varias veces. Pares de espinillas suben y bajan la escalera, evitándome. Desconocidos. Desconocidos que pueden vislumbrar la diferencia entre un mal día y una fractura en la vida. Me gustaría desconectarme de sus pensamientos, pero se me enganchan a la piel, tirando de ella mientras pasan. Tal vez una de estas personas vive en mi antiguo piso. Tal vez podría entrar, arrastrarme debajo de una manta, despertar en mi antigua vida. Si el inquilino anterior de mi piso actual picase y me explicase que, por razones que no iba a revelar, necesitaba echarse una siesta semestral en mi sofá, yo le dejaría hacerlo.

Le diría: «Por supuesto, vuelve al pasado, no digas más».

Una propuesta para futuras ediciones de *El libro de las preguntas:*

Tú y una persona a la que quieres profundamente estáis en una habitación, mirando hacia una puerta. Se ha establecido que la puerta no se abra desde dentro. Un día la otra persona se levanta y, sin decir palabra, sale por la puerta como si nada. ¿Qué harías?

Cojo el tren de las 6.01 horas a Connecticut para ver a la pareja de Russell. Mi móvil está inundado de mensajes de amigos en común y antiguos compañeros de trabajo (que muchas veces son el mismo grupo de personas), preocupados por el marido de Russell. En el aire flota la idea de un portal abierto. De una alternativa. De un hombre al límite. Hay susurros. ¿Estamos siendo dramáticos? No lo sé y me niego a averiguarlo. No voy a preguntarle a un hombre, la semana en que ha muerto su pareja, cuáles son sus grandes planes para el verano. Veo mi reflejo en la ventana. «Mira a esa mujer triste en un tren», pienso. Llevo unas gafas de sol oscuras que a Russell le gustaban.

—Como una Jackie O. judía —resolvió.

—¿No era Jackie un poco judía?

—Acepta el cumplido y ya está.

No puedo aceptar el cumplido. Los minutos siguen pasando y no puedo aplastarlos. Me siento en esta masa terrenal que arrastro, odiando mis ojos fijos en los calcetines de otras personas, odiando mi corazón, tan ostentoso en su persistencia. Ojalá pudiera hacer una bola con mi piel, dejarla caer debajo del asiento y observar cómo se aleja. Yo también soy objeto de susurros.

La pareja de Russell y yo nunca llegamos a salir del aparcamiento. No entramos en la casa ni vamos a un restaurante. En las grabaciones de seguridad se me vería abriendo la puerta del coche y, un par de horas más tarde, saliendo de él.

¿Qué se puede hacer con esta parte de la historia? ¿Con los detalles compartidos? Esta es la habitación que evito enseñar a la gente, tirando de la puerta cerrada cuando paso por delante. «Oh, ¿esta? El lavadero. El armario de las escobas.» Todo el amor que siento por Russell no puede borrar lo que dejó que su pareja viera, lo que quería que él viera. La brutalidad. El rencor. El tiempo que le debió de llevar bajarlo. El tiempo que pasó entre el hallazgo y la llamada, entre la llamada y el forense. Russell se ha dividido en dos personas: Russell Muerto y Russell Vivo. Son demasiados Russells. Uno ya era difícil. Su marido y yo nos sentamos, sollozando uno al lado de la otra. Reflexionamos sobre el correo. A Russell le gustaba suscribirse a catálogos usando los nombres de los perros: 30 por ciento de descuento en utensilios de cocina para perros. Dos por uno en lencería para perros. Como los minutos, estos seguirían llegando.

Cuando te suicidas, mueres solo. Salvo unas pocas excepciones, mueres solo. No creo que la gente hable lo suficiente de esto cuando se conversa sobre el suicidio, si es que se habla de ello. La cuestión es el final de la vida de uno. Pasar lista sería buscarle tres pies al gato. Pero no lo supero. Mi amigo estaba solo cuando fue asesinado. Lo repito en voz alta, optando por un ángulo de la historia deliberadamente manipulado y buscando los errores. Los hechos se confirman. Mi amigo estaba solo cuando lo asesinaron. No tengo el ego suficiente para pensar que podía haber evitado que un hombre congruente de 52 años, sin antecedentes de depresión ni terapia y sin intentos previos de autolesión, se quitase la vida. Aun así, hay quienes, sin que yo se lo haya pedido, me dicen que no debería culparme por ello. Esas personas son idiotas. Eso o están proyectando sus propias pérdidas.

Y esas también son idiotas.

Estoy enfadada. Es demasiado pronto para estar enfadada. Sé que las etapas del duelo no son lineales, ni lo suficientemente sólidas como para esconderlas bajo corazas y escabullirse, pero algo está fuera de lugar. Russell y yo no compartíamos hijos pequeños ni una hipoteca ni un negocio. Entonces me doy cuenta: esta ira es un falso positivo. No estoy enfadada «con» Russell. Estoy enfadada con todo el mundo «excepto» con Russell.

Un tipo en una Citi Bike dobla una esquina y se para tan cerca de mí que me golpea la muñeca. Como no se disculpa, corro detrás de él, sugiriéndole que vaya a joder a su madre. Mi portero, que tiende a entablar conversaciones regañando a la gente, llama a la puerta para darme un sermón sobre un paquete que dejé languidecer en el radiador del vestíbulo durante una hora. En lugar de darle las gracias y pasar a otra cosa, le respondo bruscamente. Este pánico por las pertenencias de todo el mundo llega un poco tarde, ¿no crees? Le digo que no se desquite del robo conmigo (aunque yo estoy, en ese momento, desquitándome de la muerte de Russell con él). Después sentiré vergüenza por esta interacción.

Empiezo a excluir amigos. No puedo soportar ver mi dolor reflejado en los ojos de algunos de ellos. También hay cráteres en sus líneas temporales, antiguos agujeros con la forma de alguien que se fue demasiado pronto. Sin embargo, no quiero estar rodeada de versiones más atrincheradas de mí misma. Apenas quiero estar cerca de esta versión. Otras personas conocían a Russell igual que yo, también habían trabajado con él, pasado aquellos veranos en su porche. Pero todos hemos cometido el pecado de no ser capaces de traerlo de vuelta. Algunas otras personas me ofrecen su sabiduría en forma de palmadita en la espalda, que suena como si hubiera sido aprobada por un asesor jurídico. Puedo decir que me están «atendiendo». Me aseguran que no me sentiré así para siempre. Oh, ¿en serio? Todo el mundo es vidente cuando estás triste. Con conocidos más casuales siempre he sostenido la regadera de nuestro jardín de dos personas y ahora puedo soltarla. Si solo hace falta un mensaje sin respuesta para matar la amistad, entonces eso es todo lo que se necesita. Cuando una amiga más reciente se entera de la noticia por otra persona, me llama, pero hay un ruido extraño de fondo. Está embotellando vinagre. Un montón de vinagre. Cantidades ingentes de vinagre. Hago un comentario sobre la cacofonía del vidrio, esperando que capte la indirecta. ¿Es esta la mejor banda sonora para la crónica de un ahorcamiento? Sin embargo, el sonido no muestra signos de disminuir. El pésame forma parte de su multitarea.

—No puedo seguir con esta llamada —le digo, y cuelgo.

Por la seguridad de todos decido que es más fácil buscar personas que no estén al tanto del robo ni del suicidio, personas que conozco «de por ahí» que, seguramente, pasarán por alto estos contratiempos enormes. Como en Nueva York reside la mayor población de narcisistas fuera de Los Ángeles, la mayoría de nosotros tenemos un grupo de conocidos que son entretenidos, pero impermeables a la empatía. Estas son las personas con las que decido salir hasta las cuatro de la mañana. Cuanto más rápido revelan que la mujer del socio legal de su padre se suicidó en 1980, mejor me siento. Más, más, más. Tengo un yogur perfectamente comestible en la nevera, comprado antes de que mi mejor amigo se ahorcase, pero continúo. Sus historias me distraen. Esta vez sí estoy interesada en el amplio prisma de la experiencia humana, aunque solo porque soy un vampiro que succiona el cuello de otros vampiros. Solo me detiene una pregunta: «¿Lo sospechabas?».

Sé que esto es una divagación que surge de la necesidad de gestionar el caos, de abrir paso a un sentido de la coherencia, no obstante, deberíamos tener en cuenta eliminarla como reacción al suicidio. «¿Lo sospechabas?» no hace referencia a la persona que ha muerto. Se trata de pedir permiso para añadir a Russell a los archivos de las historias que todos almacenamos sobre medicamentos desechados y comportamientos erráticos. Porque si yo tengo una bola de cristal, quizá todos tenemos bolas de cristal. Quizá otras personas podrían usarme para vacunarse. Quizá puedo enseñarles a hacer que las señales aparezcan. «¿Ves lo escuetos que eran sus últimos correos? Ahí lo tienes.» A pesar de estas ideaciones, me resulta difícil de creer que cualquier persona con tendencias suicidas conozca las dimensiones exactas de lo que está ocultando. Entonces, ¿por qué los demás deberíamos tener un instinto superior? ¿Y quién de nosotros es categóricamente feliz? Más bien, ¿quién de nosotros es categóricamente feliz y tolerable? ¿A quién le faltan motivos para matarse? Los motivos no son el problema.

Parte de la desestigmatización del suicidio es no plantear el deseo, o incluso el coqueteo con él, como algo excepcional. Si las religiones principales son menos horribles que antes en lo que se refiere al suicidio (ya no arrastran tantos cadáveres por las calles hoy en día), nosotros también deberíamos hacerlo mejor. El suicidio es un impuesto a la conciencia humana. La mayoría de las personas pagan este impuesto en confesiones indetectables. Como cuando se preguntan qué pasaría si se acercaran demasiado al borde del acantilado o cuando piensan «no saltes» mientras el tren avanza por las vías; tienen miedo de que la mera posibilidad anule su libre albedrío. Sin embargo, algunos pagan caro este impuesto. Algunos lo pagan con su propia vida. La pregunta que todo el mundo debería hacerse, por tanto, no es por qué personas aparentemente sanas se suicidan, sino por qué deberían seguir viviendo. Esta frase seguramente sonará macabra para quienes nunca se han identificado como personas deprimidas y desconcertante para quienes me conocen personalmente. Sin embargo, no es ninguna amenaza para la salud psicológica de nadie pensar de esta manera. Todos tenemos algo que tratamos de eludir. La cuestión es cómo es de grande y con qué.

Hay una escena en la película *Reencuentro* en la que los amigos del personaje muerto están intentando encontrarle el sentido a su suicidio. Le preguntan a su novia si se comportaba de manera extraña antes de rajarse las muñecas. «No he conocido a tantas personas felices en mi vida. ¿Cómo se comportan?», responde ella. Pienso en esta frase cuando pienso en Russell, del mismo modo que pienso en la figura de un hombre con espirales en lugar de ojos que tenía en su mesa de trabajo. En la base se leía: «No tienes que estar loco para trabajar aquí, ¡pero seguro que ayuda!». El milagro de la vida no es el hecho de tenerla, es que la mayoría de nosotros nos levantamos cada día y aceptamos luchar por ella, apretarla entre los brazos cuando intenta liberarse. Es un milagro, un auténtico milagro, que lo contrario no suceda más a menudo. O, por citar la película favorita de Russell, *El león en invierno*: «Por supuesto que tiene un cuchillo, siempre tiene un cuchillo, todos tenemos cuchillos».

Durante una fase supersticiosa breve, pero potente, tardo siglos en conseguir salir de casa. Esto es por todas las mierdas que tengo que besar o tocar o llevar conmigo para que no pasen más cosas malas. Para que no desaparezca nada más. Cierro las ventanas. Reviso el pomo de la puerta. Abro y cierro los cajones del especiero. Siguen vacíos. Llevaba el mismo vestido de color naranja intenso el día del robo y la noche que Russell y yo cenamos. Cuando entró en mi casa, se abrió paso a mi lado y dijo: «¿Por qué vas vestida como un cono de tráfico?».

Decido que el vestido está maldito y lo meto en el cubo de la basura.

Junto con la superstición llega la paranoia. Russell no luchó contra una enfermedad demostrable, iniciando y terminando tratamientos, del mismo modo que yo no perdí mis anillos uno a uno. A cualquiera le puede llegar un parón repentino en la vida. Una vez entrevisté a Mariel Hemingway por un documental que había hecho sobre la historia de su familia con la salud mental. Sin pararse mucho a pensar contó siete suicidios, incluyendo el de su abuelo. Dijo que cuando su hermana murió, tenía miedo de ser la siguiente, no porque tuviese tendencias suicidas, sino porque sentía que el suicidio era algo sensitivo, no solo hereditario. Necesitaba un cuerpo receptor. En ese momento, esto no tenía mucha lógica para mí, pero ahora la idea del suicidio como algo contagioso, como un relevo, llega de manera natural.

Ahora que Russell ha muerto puedo etiquetar este estado de vigilancia perpetua como no podía hacerlo antes. Más bien como lo haría una profesional. Lo que estoy experimentando es un trastorno por estrés postraumático (TEPT). El TEPT emplea una matemática opuesta a la de la negación: en lugar de que el cerebro se convenza a sí mismo de que no ha pasado nada, lo hace de que todo ha sucedido y sigue sucediendo. Esto podría explicar por qué empiezo a hacer recuentos y a llamar a todas las personas que sé que alguna vez han estado deprimidas para ver si están bien. La mitad de mis amigos son escritores; la otra mitad trabajan con escritores. Así que la tarea me lleva días.

Una de estas llamadas es a un amigo que sufre depresión clínica grave. Ha participado en ensayos clínicos, ha estado ingresado en hospitales especializados y ha hecho incursiones en la estimulación magnética transcraneal. Sin embargo, me asegura que no tengo por qué preocuparme.

—Siempre he querido que mi vida sea diferente, no que termine —me dice.

—De acuerdo —digo—. Bien.

Por desgracia, mi alivio al oír esto es fugaz. Hay una expresión coreana que dice: «No tienes nada que temer de alguien que amenaza con matarte mañana». Me pregunto cómo se aplica esta idea al suicidio, si es que puede aplicarse de alguna manera. Tengo amigos conocidos por enviar textos melodramáticos sobre que les han tocado malas cartas, sobre lo hartos que están de todo. Amigos que revisan todas las certezas en busca de agujeros por donde pueda colarse de nuevo la oscuridad. Así es como procesan la gravedad de sus sentimientos, induciendo el pánico en otras personas. Pero solo porque pienses que el mundo gira a tu alrededor no significa que te entusiasme. Según el dicho coreano, y según mi amigo con depresión clínica, esas personas están a salvo del suicidio porque... ¿Por qué? ¿Porque ya deberían haberlo consumado a estas alturas? Eso no tiene sentido. ¿Son, por tanto, las personas que nunca han expresado ideas suicidas las que justifican nuestra preocupación? Eso representa a la mayor parte de la población.

Quería ser como Russell con todas mis fuerzas, y tal vez ahora pueda serlo. Aparcó su dolor en algún lugar secreto donde nadie pudiera verlo, y quizá yo pueda hacer lo mismo. Quizá puedo guardar el mío en un armario. Sin embargo, los cajones siguen abriéndose. El dolor no se resigna a ser aplastado. Toma la forma de flores dolorosas en el pecho que requieren atención, especialmente en público. Me detengo en la calle, poniéndome la mano sobre el corazón como si acabase de recordar algo. O, como alternativa, me siento en aviones con las lágrimas cayéndome por la cara.

—Los niveles de oxígeno —le explico al desconocido al otro lado del pasillo, que asiente.

Luego se lo piensa mejor:

—Pero el avión aún no ha despegado.

Todo tiene una membrana traslúcida alrededor, una burbuja que se mueve con cada paso. Russell está muy cerca, justo al otro lado. Como el anillo atrapado en mi dedo meñique, tengo la intensa sensación de que, si supiera dónde presionar, podría alcanzarlo y tirar de él. La burbuja se endurece cada día que pasa. Al vivir, por defecto, me estoy alejando de él.

Me asquean las verdades universales del duelo, los lugares comunes. No quiero avanzar a través de las próximas etapas, independientemente de lo mal definidas que estén. No quiero volverme más humana por esta experiencia. Cualquiera que sea el nivel de humanidad en el que me encuentro ya está bien. No quiero compartir mi suerte psíquica con la de otra persona, ni quienes han perdido a cónyuges y a niños tienen que compartir la suya conmigo. La empatía viene del mismo lugar, pero la pérdida no. Por este motivo, ahora lo entiendo, los grupos de duelo existen para las personas. Están poblados por personas que «no» quieren estar allí, no por quienes quieren. Ninguna persona que esté sentada en una silla plegable necesita que la convenzan de su sufrimiento. Nadie asiste para amedrentarse por el hecho de que la historia de otra persona sea peor. Esto puede aplicarse especialmente al suicidio, una causa de muerte tan común que representa una crisis de salud pública. Aun así, no hay dos casos iguales. Una caminata por lo que sea que mató a Russell —y solo por Russell—, no duraría ni una manzana.

El único pensamiento que me consuela durante esta época es uno controvertido: no creo que Russell pensase que había perdido su pelea con la vida; yo creo que pensaba que la había ganado. Ya no veía un sitio para él en el mundo, y eso era como tener una enfermedad terminal. La enfermedad de envejecer. La enfermedad de envejecer siendo un hombre gay. La amenaza de la irrelevancia, la pérdida de poder, la expansión de las humillaciones, la condición de estar vivo. Todo tenía que cortarse de raíz antes de que los síntomas se volviesen demasiado desagradables; todo debía abordarse mientras aún tuviese la opción de hacerlo. Había equilibrado su vida y, en palabras de Yeats, «los años venideros parecían una pérdida de aliento, / una pérdida de aliento los años que quedaban atrás». ¿Y quiénes somos nosotros para discutir la gravedad del dolor de otra persona? Muchas veces se hace referencia al suicidio como una solución permanente para un problema temporal.

Nadie aquí está poniendo en duda la primera parte de la frase.

Nos gusta hablar de lo que les hubiera gustado a los muertos. Construimos tótems y escribimos poemas cuando lo que a la mayoría de las personas les habría gustado es no estar muertas. Una persona que se suicida no encaja tan claramente en este paradigma. Sigo leyendo poesía y filosofía, buscando respuestas, buscando sabiduría más allá de mis limitaciones. Pero conozco una cosa que los poetas y los filósofos desconocen: a Russell.

Si él estuviera escribiendo esto en mi lugar, te diría que su suicidio solo parece trágico, pero no es, en sí mismo, una tragedia. Todos morimos. ¿De acuerdo? Luego diría que, considerado como una cuestión de inevitabilidad, el robo es «peor» que el suicidio porque no es universal ni voluntario. Russell y el filósofo alemán Arthur Schopenhauer (cuya visión del suicidio era algo así como «mi cuerpo, mi decisión») seguramente están cenando juntos en el cielo ahora mismo, con Platón en la cocina. Russell se liberó de una angustia insondable. Incluso si tomas la visión opuesta de las cosas, la del suicidio como una prisión eterna, bueno, es solo un prisionero. Hay muchas otras almas perdidas. Ve a salvar a una de ellas. Y, no te ofendas, pero, en realidad, no importa lo que tú pienses. Todo el mundo estará triste por esto durante un mes. Luego la vida volverá a la normalidad. Ya lo verás.

Qué difícil es querer a alguien que se equivocó tanto y que nunca más volverá a tener razón.

La razón por la que el canguro y el emú aparecen en el escudo de armas de Australia es que ninguno de los dos animales es capaz de caminar hacia atrás. La conclusión es que siempre se debe mirar hacia delante, progresar hacia el futuro. Con toda su decidida ligereza, Australia (donde encontrarás la alegría del sur de California mezclada con la represión de Inglaterra) tiene la tarea sustancial de ser la emisaria del planeta hacia el día siguiente. Esto, en teoría, significa que Russell estaría «más» muerto aquí. Sin embargo, en el momento en que piso Melbourne tengo la sensación de que el tiempo va hacia atrás, de viajar al pasado, a cuando Russell estaba vivo. Y en este mundo alternativo decido no explicarle a nadie lo que ha pasado. Estoy jugando a un juego llamado «mi amigo no está muerto». Solo tiene una jugadora.

Lo que comienza como un gran esfuerzo por no derramar mi miserable mercancía pronto me hace sentir eufórica. Normalmente, me apresuro a regresar a mi habitación del hotel después de cualquier evento múltiple, pero esta vez hablaré largo y tendido con cualquiera, sobre cualquier tema. Digo que sí a todos los cafés, para conseguir que el cerebro quede estrujado como un cadáver de tejón australiano. Invito a la mayoría de la gente que conozco a una cena en Nueva York. Conduzco hasta un parque de esculturas con algunos autores, donde zigzagueamos entre césped bien cuidado, compadeciéndonos por el *jet lag*. Leo los nombres de los artistas, usando cualquiera que sea la parte de la mente responsable de permitir que la información entre antes de dejarla salir de nuevo. Me río con facilidad y con estruendo, oscilando entre la funcionalidad y la personalidad. De nuevo en la ciudad, hago *footing* por Victoria Gardens sonriendo a las cacatúas.

Estas chicas saben cómo guardar un secreto. Buenas aves.

Casi estropeo mi propia estrategia mencionando a Russell a la canguro de gatos que ahora tengo que contratar. Cuando pregunta qué ha pasado, le ofrezco un conciso resumen de los acontecimientos: «El canguro anterior se ha suicidado». Ella y yo tenemos buena relación, pero no tenemos una relación tan estrecha. Entonces digo: «O sea..., simplemente di que no quieres hacerlo, ¿vale?». Hay una elipsis y luego desaparece. No hay forma de que pueda responder a eso. Lamentablemente, no estoy de su lado. No estoy del lado de los vivos ni del grupo al que Iris Murdoch llamó «los no desconsolados». Aquí, en la madrugada del duelo, no se puede confiar en mí. No soy amiga de nadie. Escojo a Russell por encima de todo el mundo.

La realidad empieza a entrar a hurtadillas durante la convocatoria de un club de lectura. Seis meses antes, el festival me había pedido que hiciese una selección «estadounidense» para su club de lectura. Escogí *Slouching Towards Bethlehem* de Joan Didion. Sin embargo, cuando nos sentamos en círculo, lo único de lo que todo el mundo realmente quiere hablar es de sus dos libros de memorias sobre la muerte, los libros sobre su marido y su hija. El consenso parece ser que estas obras son mucho más agradables que los ensayos, que el tono de Didion es menos distante. Quizá no hace falta que discrepe, que diga que, en realidad, su tono es el mismo de siempre, si acaso el estilo es más desnudo, despojado de artificios; es el tema el que es un desastre. Una mujer sugiere que Didion escribió las memorias para poder perdonar a su marido por «abandonarla». Por supuesto, esta no es la primera palabra que yo usaría, pero el hombre que se sienta frente a ella tiene una reacción descomunal. Habla con una voz que es la antítesis de la formación en círculo.

—¿Qué es lo que tiene que perdonarle? —grita—. Ni que se hubiese suicidado...

En circunstancias normales no querría tener nada que ver con esta persona, pero ahora me gustaría tirarle la silla encima a este oráculo en vaqueros. ¿Tienes que perdonar a una persona que se suicida? ¿Qué pasa si una parte de ti siente alivio por ella? Quedarse atónito por un suicidio, considerar que necesita perdón, es una señal de solipsismo, ¿verdad? Es negar cómo es el mundo para otras personas, decidir que la oscuridad existe para servir a la luz, que la oscuridad es el problema y la claridad es el control. Porque es así para ti. Me muero por ser como el canguro o el emú, por avanzar a través del tiempo, sin embargo, estoy más enfadada con las joyas por permitir que se las llevaran que con Russell. ¿Lo he mezclado todo? Cuando regrese a mi hemisferio, nadie me dirá que lo he mezclado todo porque sienten pena por mí. O porque creen que estoy loca. O porque están embotellando vinagre.

Durante la conferencia de clausura del festival, una autora escocesa concluye su lectura con una canción *folk* sobre el mar. Su voz no es la de una autora. Es como una película de Merchant Ivory que puede cantar. Va entonando por todo el escenario. Me imagino este momento sosteniéndome sobre su cadera, haciéndome botar. ¡Dile adiós a Russell! Dile: «¡Adiós, Russell!». Puedo sentir el corazón latiendo con fuerza en el cuello. Gotas de agua salada me resbalan por la cara y me rasco el meñique con tanta fuerza que casi me rasgo la piel.

«Cariño, ¿qué te has hecho?», pienso.

En el avión de regreso a casa me compro dos anillos, uno de plata y uno de oro. Russell me había aconsejado que me comprase «algo con clase, por una vez». Había pensado en una especie de primera compra ritual. Sin embargo, con la extensión del océano Pacífico ante mí, selecciono un rango de precios, hago clic en algunas casillas y me tomo una pastilla. Luego tengo tres sueños, ninguno realista, pero todos reales hasta el punto de la lucidez. Es una trampa ceder una historia a un sueño, por no hablar de coquetear con el tedio. Pero ya han pasado años y estos sueños siguen tan cerca de la superficie de mis recuerdos que ni siquiera parecen sueños. Más bien parecen un conjunto de realidades paralelas.

Primero viene el sueño pálido: estoy caminando por las vías del tren a las afueras de una ciudad abandonada. Los edificios que se ven en la distancia han sido destruidos por bombas y las vías están cubiertas de arena, que se ha convertido en dunas gracias al viento. Hay un túnel en la distancia y, antes de él, un pequeño cartel de madera. Cuando llego al cartel, veo que está en blanco. Aun así, puedo leerlo. Dice que, mientras esté viva, esto es lo más lejos que podré llegar.

Luego viene el sueño brillante: en este sueño, yo soy Russell. Me registro en un hotel en Hawái. Una encargada me hace un recorrido por mi *suite* y señala el balcón, el océano, donde vislumbro unas cuantas aletas amigables que se abren camino por la superficie. Explica que en este lugar las criaturas del mar aparecerán en proporción a la felicidad que necesitas. Cuando bajo la vista de nuevo, Russell se ha separado de mí. Yo estoy en el balcón y él chapotea en el agua. Se desliza las gafas hasta la frente y se frota los ojos. Los manatíes y los delfines lo rodean. Un coqueto león marino hace chocar la cabeza contra la suya. Hay cosas que me preocupan. ¿Tendrá que mantenerse a flote durante toda la eternidad? ¿Qué pasa si se ahoga?

—No puede ahogarse —dice la mujer con total naturalidad.

El tercer y último sueño es el único en blanco y negro que he tenido nunca. Me han devuelto todas mis joyas, pero parece como si las hubiesen roído. Las cuentas están rotas; las perlas, como si las hubiese pinchado una aguja. Pero son lo suficientemente reconocibles y están por todo el piso: suspendidas en lámparas, enroscadas en frascos de vidrio, colgando de los pomos de las puertas. Incluso el anillo de cúpula está aquí, recostado en un cajón de cerámica.

Me despierto en Nueva York, ansiosa por contarle a Russell las buenas noticias.

Pero tanto mis cosas como mi público han desaparecido.

Una semana después llegan los nuevos anillos. Dos círculos lisos, los hago rodar por mi escritorio. Pobres anillos, viven a la sombra de un misterio. O peor: son culpables por asociación. ¿Y si, por algún acto de Dios, los viejos anillos regresan y tengo que explicarles que estos nuevos anillos no significan nada para mí?

Sin embargo, no está tan mal tenerlos aquí. Es satisfactorio separarlos y volver a juntarlos mientras paso los días aporreando las paredes de esta historia, tratando de dar con una manera de entrar para poder encontrar una salida. Me recuerdan la canción de las chicas *scouts*:

Haz nuevos amigos, pero conserva los viejos.
Unos son plata y los otros son oro.

Supongo que la idea es que, con el tiempo suficiente, los amigos de plata también se volverán de oro. No lo sé. Pero es un truco que me gustaría ver.

Parte II

LA PERMANENCIA DEL OBJETO

(Negociación)

La permanencia del objeto es entender que algo existe, incluso si está oculto. Es uno de los primeros casos en los que usamos el cerebro parcialmente formado de un niño para entretenerlo. Presumiblemente no harías perder el equilibrio a un niño pequeño para reírte, pero el cucú-tras es el primer juego al que jugamos. No tengo ni idea de por qué esta experiencia no es espeluznante para sus víctimas. Algo a lo que te has apegado mucho durante la infancia, ya sea un conejito de peluche o la cara de tu madre, ahora se ha ido, potencialmente para siempre. Sin embargo, los niños están encantados con el concepto. Puede que sea el suspense. Aunque quién sabe a qué edad se desarrolla un arco narrativo. Seguramente, a los 26 años. Es más probable que sea porque si las cosas no siguieran desapareciendo, no podrían seguir regresando.

El regreso es la mejor parte.

En una dosis extra de desgracia, resulta que vivo en la misma manzana donde está el restaurante en el que Russell y yo compartimos nuestra última comida juntos. Cenamos en el rincón donde se encuentran las ventanas, lo que significa que, cuando paso por delante del lugar (lo cual es inevitable a menos que nunca gire a la derecha), puedo revivir aquella noche. Como si la ausencia de Russell se explicara fácilmente con un viaje al baño. Aquí están las sillas con respaldo alto. Aquí está la camarera pasando un paño húmedo extrañamente cerca de los torsos de los clientes mientras se sientan. Russell aparecerá en cualquier momento, y cuando lo haga, no querrá verme metiéndome en la escalera de entrada que hay enfrente, donde me siento noche tras noche y hablo con él en mi cabeza:

¿Te das cuenta de que todos envejeceremos y moriremos sin ti? Un día yo tendré 52 años y tú todavía tendrás 52. Lo cual es una estupidez. Camus escribió que solo hay un problema filosófico serio, y ese es el suicidio. Tener hijos no cuenta. Es la erradicación, el ir a contracorriente. ¿Y sabes lo que dijo George Sand? George Sand dijo que no podemos romper ni una sola página de nuestra vida, pero podemos quemar el libro entero. ¿Te gustaba George Sand? Debería ser capaz de recordarlo, porque amabas u odiabas todo. Nada estaba simplemente bien. ¿Lo ves? Ya te estoy olvidando. Hay un texto que sí sé que te gusta, de *By Grand Central Station, I Sat Down and Wept*: «¿Por qué no salto desde este acantilado donde estoy, asqueado por la luna? Sé que estos días solo me ofrecen asesinato para mi futuro». La narradora siente envidia de un halcón porque puede alejarse de la tierra y ella no puede hacerlo. Tú me diste a conocer este libro. Ahora es otra pieza del puzle que no quieres que toque. No hace falta ser tan misterioso. Todas las piezas son negras. Nunca las podré juntar.

Cada pocos minutos alguien pasa a mi lado, con un perro a la cabeza, y pienso: «Los perros. Al final todo el mundo llega a eso. ¿Cómo pudiste dejar los perros? Un asombro habitual en situaciones como esta. Pero me resulta demasiado doloroso creer que «abandonaste» a los perros. Porque si abandonaste a los perros, significa que abandonaste también a todos los comunes mortales.

En el sueño más reciente, Russell y yo estamos sentados en una cafetería junto al mar en pleno invierno, el borde festoneado de una sombrilla de mesa volteándose con el viento.

—¿Qué ocurrió? —le pregunto—. Solo dime qué ocurrió.

Inclina la cabeza y mete los puños en los bolsillos. Un amigo en común se acerca desde la playa y empieza a responder por él, pero Russell se tapa los oídos y grita a pleno pulmón:

—¡No! ¡No! ¡No! ¡No! ¡No! ¡No tendría que estar aquí para esto!

Saboreo los sueños tanto como los temo.

Son la única manera de oírlo decir cosas nuevas.

Me encantaría dejar de sentarme en esta puerta de entrada. Pero tenemos un problema: no sé dónde está. Russell no tiene una tumba. No hay dirección de entrega. Y no puedo forzarme a preguntar sobre sus cenizas; eso sería demasiado insensible, un recordatorio demasiado evidente de su cuerpo muerto. Como si su marido necesitase recordatorios. A mí me pone triste un restaurante, pero no tengo que levantarme e ir a dormir a ese restaurante. Mi única tarea es reunir todas las imágenes agradables que pueda. Lamentablemente, su pareja no es el centro logístico de esta muerte. No hemos hablado desde aquella horrible mañana en Connecticut y no mucho más en los años previos a ella. Nunca fue tan sociable como Russell (una barrera insalvable), pero había empezado a retirarse a sus propios espacios privados, a su propio ritmo, mucho antes de la muerte de Russell.

Quizá su madre tenga las cenizas. O su hermana. Tal vez estén en la casa. Quizá se las dieron de comer a las gallinas. Amaba a esas gallinas. A veces, la gente me localiza y me pregunta sobre el paradero de las cenizas. Les digo que no lo sé. Yo tampoco tengo ningún sitio adónde ir. No comparto con ellos mi teoría de las gallinas.

La primera vez que Russell y yo vinimos a este restaurante fue después de ver una proyección de *El diablo viste de Prada*. Él predijo que la película sería un éxito (humaniza a un jefe difícil, así que es cine propagandístico para él), aunque un solo defecto impidió que le encantase: terminaba demasiadas veces.

—Antes, las películas de Hollywood simplemente terminaban y no tenías por qué saberlo todo —explicó—. Debería haber terminado cuando deja el trabajo y tira el teléfono a la fuente.

Pero, oh, no, tiene que hacer las paces con el novio y el compañero de trabajo, y conseguir un nuevo trabajo y hacer un contacto visual significativo con Meryl Streep...

Tenía razón. La película hace demasiadas reverencias. Tenía razón una irritante cantidad de veces. Bueno, excepto en una cosa. A veces no hay reverencias. A veces ves a un extraño comiendo calamares en la silla de tu amigo muerto.

27 de septiembre de 2019. La traición temporal está en el aire. La gente tiene una vida y el mundo necesita seguir girando para adaptarse a ella. Si no a ella, a sus rituales, sus bodas, sus conciertos y sus conferencias. Coqueteo con la idea de unirme a sus filas. Puedes dejar que algunas cosas se vayan a la deriva sin meter el brazo entero en el agua. Russell era una persona de marcharse a la francesa. Desaparecía de las fiestas, especialmente si habías quedado en irte con él, pero tardabas demasiado en despedirte. Era una forma de castigo por permitir que te detuvieran con una nueva interacción. Te dabas la vuelta y ya se había ido. Yo soy una persona de marcharme a la manera judía, mediante la cual una rastrea a las personas con quienes no ha hablado para informarles de su marcha. Quizá sea el momento de tomar nota de mi amigo.

Porque hay que hacer algo. Mi duelo inicial, que pensaba que podría estar tomando una forma manejable, ha mutado. Ha colonizado toda mi personalidad. Cualquier palabra que me sale de la boca y no es el nombre de Russell es mentira. La añoranza es tan constante que incluso yo estoy sorprendida por ella. Estoy en la zona cero de la añoranza. Como demasiado o demasiado poco, vacilando entre el castigo y el borrado. Desconecto durante las conversaciones y me involucro en fantasías en las que subo a Connecticut. Cuando el tren se detiene, diviso a Russell en el andén, durmiendo en un pequeño refugio. Le tiendo la mano: «Fue un error. La gente comete errores. Vamos a llevarte a casa». La terapia parece inútil, así como también los viajes, la naturaleza, el sueño, la televisión, la música, la comedia, el teatro, el arte, la cocina, el ejercicio, la lectura y el sexo. Durante días, el corazón me late muy rápido en momentos inexplicables. Esto sucede cinco, seis, doce veces al día. Es preferible una superficie plana. Al final voy a visitar a una cardióloga, que me hace preguntas mientras el cuerpo me delata ante su estetoscopio.

¿He estado fumando? Sí.

¿Bebiendo? Sí.

¿Cafeína? Soy escritora.

¿Drogas? Nada del otro mundo, pero me imagino que eso depende de tu mundo.

Levanta la ceja. ¿Algo más? No que yo recuerde.

—Parecen ataques de pánico. ¿Ha experimentado alguna situación de estrés inusual?

Sacudo la cabeza. El duelo se ha vuelto tan constante que el suicidio de Russell ya no se considera fuera de lo común. He eliminado el contraste entre luz y oscuridad, y desmantelado el marco de referencia entero.

—Hay una cosa.

—¿Qué es?

—Entraron a robar en mi piso —le ofrezco—, pero fue en junio y yo no estaba en casa.

Solo cuando me estoy abrochando la camisa menciono el suicidio, como si ella ya lo supiese.

—¿Cómo sabrá él que lo querías si no tratas de autodestruirte? —pregunta.

De nuevo en mi escritorio, añado esta frase a un documento tan breve que su contenido le sirve de título: «El concepto de sentirse mejor».

¿Estoy sugiriendo que la cordura es un fenómeno? ¿O que, simplemente, «es buena»?

Mis seres queridos sugieren que me busque un pasatiempo, los muy imbéciles. Ya tengo un pasatiempo. Mi pasatiempo es profundizar hasta llegar al centro del suicidio de Russell. Pero las

71

brocas siguen rompiéndose. Una noche, borracha, busco «Russell» en Google, esperando que solo aparezcan fotos suyas. Otra noche, colocada, busco en Google «cómo conducir una sesión de espiritismo» y solo encuentro artículos sobre «cómo ambientar una sesión de espiritismo». No necesito una fiesta que huela a salvia. Necesito que mi amigo vuelva. Me paso horas así, inventándome nuevas formas de pensar en él, golpeando macabras piñatas. Cuando llega su cumpleaños, nos intercambiamos mensajes de texto entre los amigos. Pero en esta casa cada día es el Día de Russell Está Muerto. ¿Y para qué? Al igual que con el robo, siento que la visión más lúcida que tendré de esto es la que tuve durante los momentos inmediatamente posteriores. Ese punto de vista fue un regalo de proximidad.

Lo que estoy experimentando se llama «duelo acumulativo o sobrecarga de duelo», que es el tipo asociado a múltiples pérdidas, muchas veces de distintas clases, siempre muy seguidas. Sí, recuerdo lo que era preocuparme por otros asuntos. La cordura está en el horizonte si estoy dispuesta a esforzarme. Eso sí, no a forzarla (nada parece horrorizar más a la gente que la idea de que podrías acelerar el proceso de duelo, incluso a medida que su tolerancia por el tema disminuye), pero quizá puedo empezar por no fisgar en este restaurante todas las noches como una maldita deshollinadora.

—Basta —digo en voz alta, poniéndome de pie.

Pero entonces ocurre algo. Algo inesperado. Un correo electrónico de una dirección que no reconozco me alerta de su presencia con un bip. Miro el móvil, que ya está pegado a la palma de mi mano. Esto es porque, de un modo muy real, estoy esperando a que Russell llame. La línea del asunto dice: «TUS JOYAS».

¿Cómo sería ver que tus posesiones más preciadas están a la venta cuando tú no las has puesto a la venta? Los fantasmas lo saben, merodeando como lo hacen por los mercadillos de segunda mano. Naturalmente, ya he visto fotos de mis joyas antes. Más que nada porque yo aparecía en ellas. A petición del detective, envié algunas fotos la noche del robo (lo hice después de que me tomaran las huellas dactilares, un orden de los acontecimientos muy desafortunado para mi teclado). También seleccioné una para difundirla *online*. Pedir ayuda en las redes sociales es como jugar a la ruleta rusa, salvo que hay una bala en la mayoría de las recámaras. Era consciente de que podría percibirse como una pérdida privilegiada o superficial, pero estaba lo suficientemente dispuesta como para usar mi anatomía para subrayar la gravedad de la situación. Un hombre entró en mi dormitorio. Estuvo en mi cama. Preguntémonos ahora qué «podría» haber pasado. Probablemente nada. Tener las habilidades necesarias para una transgresión no te da el conjunto de habilidades para todas ellas. Ni el deseo. Yo no compro mantequilla si paso por un supermercado de camino al aeropuerto.

El correo electrónico es de un caballero que ha asistido a algunas de las lecturas de mis libros. Es una presencia bienvenida, un buen tipo. El buen tipo vio mi tuit y sintió pena por mí. «Bien», pienso. Quiero que la gente sienta pena por mí por lo de las joyas, tanto como no quiero que sientan pena por mí por lo de Russell. Las joyas corren el peligro de ser ignoradas por completo, ya que caen en una categoría en la que se incluyen los parabrisas de los coches destrozados. Sin embargo, con el suicidio, me preocupa estar convirtiéndome en la destinataria del alcance de un hombre muerto. Mi recién descubierta proximidad a la muerte significa que las confesiones sobre ideaciones e intentos pasados se comparten conmigo porque ya no pueden compartirse con Russell.

El buen tipo ha introducido sus propias especificaciones en eBay, un nivel alarmante de inversión en los infortunios de otra persona. Sabía que sería una aguja difícil de enhebrar, pero aquí estamos, meses después, y el hilo ha salido por el otro lado. Copia el enlace a la página del vendedor y me desea suerte. «Firmado: el buen tipo.»

Hay dos anuncios.

Uno es para el colgante de ámbar.

El otro es para el anillo de ojo de tigre.

Si Russell me hubiese enseñado a antropomorfizar objetos, yo, a mi vez, habría empezado a pensar en estas joyas como muertas. Pero el anillo se delata a sí mismo. Hace años la piedra se soltó y la mandé reparar. Las franjas se fueron en vertical y volvieron en horizontal, lo cual resulta muy notorio en el ojo de tigre. Esto significa que no solo existe una cantidad limitada de estos anillos en el mundo, sino que solo hay uno que tiene las franjas en la dirección equivocada. Como si esto no fuera suficiente confirmación, está la cuestión del artículo que lo acompaña: un colgante naranja que parece que hubiese pertenecido a una reina malvada.

Estas fotos son una prueba de vida. En la del colgante naranja puedo ver el reflejo luminoso de una lámpara de techo. ¿Dónde estás, alumno imperturbable? Según el anuncio, en algún lugar de Brooklyn. El colgante está a la venta por la friolera de 4.950 dólares y la persona que lo vende tiene un 98,4 por ciento de comentarios positivos. El estado es «usado» (¡te diré!) y no viene con una funda (que sí tenía). Por otro lado, al anillo se le ha asignado una funda. Está colocado sobre un trozo de gamuza azul con el logotipo de Tiffany estampado. Inteligente. A diferencia del colgante, el anillo no está a la venta. Está en subasta. Hay dieciséis postores.

Hay una idea que me da vueltas alrededor del cráneo, que adquiere más velocidad con cada rotación y soy incapaz de detener. Cada pieza de joyería (así como cada insignia, cada caja de cerillas y cada perla) está contenida en cada uno de estos dos diminutos objetos. ¿El anillo de cúpula verde? Está allí en espíritu. ¿Los seis últimos meses? También están allí. ¿Mi vida entera en Nueva York? Presente. La succión es tan fuerte que trae consigo algo más del pasado. Algo más grande. No es el momento de dejar ir a Russell; no, señor. Me siento como una traidora pensando en ese momento, no hace ni dos minutos, cuando contemplé semejantes ideas. No necesito dormir. No necesito un abrazo. Solo necesito seguir este camino. Porque si puedo recuperar estos artículos, también podré recuperar a mi amigo.

Antes me separaría de esta lógica que de mi propia piel.

Mi propia piel. El anillo seguramente aún tenga mi ADN. Tengo ganas de darle un puñetazo en los oídos y arrastrarlo a casa. Esa noche observo cómo avanza el reloj de la subasta hasta altas horas de la madrugada. El anillo me cuesta 78 dólares. Entregar dinero a las personas que me robaron (o, como mínimo, inyectar dinero en un sistema que permitió que me robaran) no me sienta bien. Pero no he pagado 78 dólares por un anillo.

He pagado 78 dólares por un remitente.

¿Podemos recuperar lo perdido algún día? Esta es la pregunta que plantea una mujer en mi grupo de duelo de supervivientes del suicidio o, como otro miembro lo llama, mi «grupo de duelo virtual». ¿Es virtual el duelo o el grupo? De cualquier modo, durante una noche particularmente oscura, cuando un tsunami de depresión ha aniquilado la posibilidad de que una persona adecuada o un profesional lo aborde, busco al grupo. Me conecto varias noches seguidas y luego no me vuelvo a conectar más.

No puedes quedarte en sitios como este. La gente te ataca con amor.

Las manos amorosas de personas desconocidas te llevan en volandas. Puedes entrar en este estado de ánimo colectivo siempre que quieras; no hace falta entender a la gente cuando es ella la que te entiende. Pero justo ahí reside el peligro. La gente se vuelve adicta al mal clima del grupo. Un hombre atiende todos los comentarios en cuestión de minutos. Es tan consistente que me pregunto si es un bot. ¿Un bot del duelo? Cuando una mujer que ha enviudado recientemente confiesa que ha tenido una crisis nerviosa, después de tirar las bolsas de plástico para los bocadillos que su marido llevaba para comer (¿y si «él» está en las bolsas?), recibe un sermón sobre los peligros del simbolismo doméstico. Hago clic en el perfil de este hombre. Su biografía explica que sus dos hijos gemelos adolescentes, un chico y una chica, se suicidaron juntos hace una década.

Es su infierno, nosotros solo vivimos en él.

La mayoría de las personas del grupo responden con un «no». No, nunca podremos recuperar lo que hemos perdido. Puedes engañar a la muerte antes que al tiempo. Sin embargo, algunos de los miembros del grupo escriben «sí», y no lo hacen para lograr un efecto dramático. Parte de la frustración del suicidio es que socava nuestro sentido de la justicia. Si alguien puede arrancarse fuera del mundo, parece justo que nosotros pudiésemos arrancarlos y traerlos de nuevo hasta él. Hay una razón por la cual el manual sobre el suicidio parece muy general o escrito sobre la marcha, abordaba más desde un punto de vista ético, social o filosófico que desde uno práctico. Al no tener la forma de una pérdida «normal», la idea de reversibilidad es a la vez absurda e inherente al acto: si el suicidio es la escapatoria de la humanidad, tal vez esa escapatoria pueda funcionar en ambos sentidos.

Uno de los libros favoritos de Russell era la biografía oral de Edie Sedgwick, *Edie*, escrita por Jean Stein y George Plimpton, repleta de personas blancas privilegiadas que se asfixian en coches y se atacan entre sí con cuchillos de cocina. Todo el mundo es una calcomanía tan bonita, moldeada por la buena genética y la riqueza heredada, que puede resultar difícil empatizar con el peso de su legado. Es como si un día despertasen y, en lugar de hacer sándwiches de pepino, decidieran mandarse a sí mismos o a otra persona fuera del planeta de un golpe. La misma Edie murió por sobredosis de barbitúricos. No creo que Russell idealizase *Edie*, ni el libro ni a la persona. No hay señales de imitación. No consumía drogas. Odiaba el arte pop. Sin embargo, creo que su afecto por la historia está indirectamente relacionado con su muerte.

Habiendo crecido como un hombre gay en un rincón de la clase media-baja de Nueva York, una antigua localidad industrial donde los ricos saben que la orilla del mar está frente al mar siempre y cuando estés de espaldas a la tierra, anhelaba un mundo más exclusivo. Una variedad más refinada del noreste. Estamos hablando de alguien cuya afición en la infancia era escribir cartas a actrices de Hollywood, pidiéndoles autógrafos; alguien que se salió del cine en *Mánchester frente al mar* diciendo «no necesito un recorrido de dos horas por mi infancia». Los ricos no le encandilaban; al contrario, le horrorizaban. Su fascinación tenía más que ver con quienes podían permitirse el lujo de ser excéntricos. Lo hechizaba el magnetismo, que no es solamente la capacidad de atraer a la gente, sino también la sustancia para mantenerla allí. Admiraba la forma insuperable en que estas personalidades con mucho dinero hacían las cosas, incluyendo salirse del molde o despacharse a sí mismos. Podían tener cualquier cosa que quisieran durante toda su vida. Y ahora lo que querían era no tener vida.

El día antes de su muerte, una compañera de trabajo le dio un cartel enmarcado de la portada original de *Edie*. Lo había encontrado mientras limpiaba su oficina. Russell lo colgó enseguida, tomándose la molestia de pedir prestado un taladro al departamento de mantenimiento. Luego se fue a casa y no lo vio nunca más. Si así es como Russell murió, con previsión, pero también con una acción repentina (o lo que se conoce como «acto impulsivo»), ¿no podría fácilmente no haber pasado? En realidad, ¿por qué no podría no haber pasado? ¿Por qué no podemos recuperar lo perdido?

Me desplazo por las respuestas: «No». «Sí». «No». «Sí». «No». «No». «Tal vez». Parecen respuestas a una encuesta de servicio al cliente. «¿Con qué probabilidad recomendaría esta experiencia de duelo?» Entonces aparece el rey de los bots, poniendo fin a las respuestas entrecortadas: «Tienes que pensar en lo que estás preguntando. Si te refieres a que has perdido tu vida tal y como la conocías y quieres recuperarla, entonces "sí". Eso es lo que todos esperamos hacer. No olvidar, sino aprender a vivir sin algo. Es fácil caer en el sufrimiento en solitario. No tienes por qué hacerlo. Pero ¿puede tu ser querido volver a ti en otra forma? Yo diría que es casi imposible».

Casi. «Casi» imposible.

Mi delirio no se ve precisamente favorecido por la etiqueta «superviviente», que pica como un disfraz alquilado. Estoy segura de que estas personas no se refieren a mí. Yo no experimenté lo que Russell experimentó y vivo con ello. Soy, en el mejor de los casos, una adyacente a un no superviviente. Luego está la costumbre del grupo de presentarse indicando su relación con la persona fallecida y explicando cómo murió («mi mejor amigo, con una soga, en el granero»). Esto tampoco parece destinado a mí. Si nunca has compartido cama con el sujeto de tu duelo, el síndrome de la impostora se asienta. Para todo este desmenuzamiento de la pérdida, las amistades prácticamente quedan fuera de la ecuación. Este es el único tipo de relación que experimenta todo el mundo, pero cuando se trata del suicidio, la amistad pasa a un segundo plano. Incluso cuando todo el mundo estaba vivo, mi relación con Russell no existía en un espacio ordenado. Entonces, ¿por qué debería existir ahora? ¿Por qué los amigos deberían ser indirectamente excluidos de la conversación para que cuando llegue la inclusión parezca benevolencia?

A mi modo ver, hay dos formas posibles de digerir lo que el mundo me está diciendo: la primera es «caer en el sufrimiento en solitario», reprendiéndome por anhelar tanto un emoji para las personas que han perdido a sus cónyuges. Para las personas que se los han encontrado muertos. La segunda es evitar todo el sistema. Si estas discusiones no están hechas para mí, entonces no me las puedo aplicar. ¿Una pérdida no tan mala se equipara a una muerte no tan mala? Sin duda lo parece. No importa que Russell fuera la pareja de alguien, el hijo de alguien, el tío de alguien y el hermano de alguien. No puede estar muerto del mis-

mo modo que los gemelos del rey de los bots están muertos...,
¿verdad? Estas muertes parecen no tener relación y, según internet, de algún modo no la tienen. Por consiguiente, la grieta de la fantasía se abre incluso más. «Casi imposible» se parece mucho a «todo es posible». Tengo mis dudas sobre las bolsas de plástico para bocadillos como vehículo espiritual viable, pero con las joyas tengo el Cadillac de los conductos en las manos. Casi en las manos.

Mi primera llamada es al detective del traje gris, con quien comparto los anuncios en eBay. El colgante sigue prófugo, pero el anillo de ojo de tigre está de camino a la oficina de una amiga. Si bien se pueden suponer varios grados de separación entre el hombre que allanó mi casa y el vendedor de eBay, es imposible saber cuántos. Hay una gran diferencia entre alguien que sabe qué está mirando y alguien que sabía qué estaba buscando. Entre la mercancía del vendedor hay un surtido de bolsos de diseñador, candelabros y cajas de la píldora del día después. Estoy muy interesada en la persona que trafica con esta combinación de artículos. Solo preferiría que el interés no fuese mutuo.

No espero que Traje Gris iguale mi entusiasmo, pero sí espero algo parecido a la sorpresa. Le he presentado una pista de un caso de robo sin huellas dactilares ni sospechosos. Hay dos caminos para resolver un robo con allanamiento: las posesiones y el autor del delito. Hay muchas más probabilidades de que el delincuente reincida que las que hay de que tu portátil aparezca a orillas del Nilo. Y aquí estoy yo, a merced de los acontecimientos.

—No podemos hacer nada —me dice.

—¿En serio?

—Podemos mandar una citación a eBay para que nos proporcione la dirección del titular de la cuenta, pero puede que tarde. Después de eso necesitamos una causa probable.

He oído hablar de la causa probable. Creo que la tenemos.

—No la tenemos.

—Bueno, ¿y cómo la conseguimos?

—Quizá si el anillo viene con una nota que dice que es robado.

Su sentido de la justicia y mi sentido de la orientación tienen algo en común: estaré encantada de explicarte cómo llegar a cualquier sitio siempre y cuando me pongas a tres metros del destino.

—¿No puede llamar a su puerta? Yo puedo hacerlo.

—No servirá de nada.

—Bien. Pero ¿enviar artículos robados no es fraude postal?

—Tendría que preguntar en la oficina de Correos.

—¿La oficina de Correos tiene un sistema judicial?

Me los imagino a caballo. Monturas de cinta de embalaje.

—Manténgame informado —me dice.

—No, manténgame usted informada —digo.

—¿Sobre qué?

Mi siguiente llamada es al Departamento Judicial de eBay, que me imagino que está en la misma liga, tal vez incluso en la misma liga de *softball*, que la Policía Montada de Correos. El Departamento Judicial de eBay es un departamento de recuperación de productos electrónicos. Sin número de serie no hay servicio. Su razonamiento para esta apatía institucionalizada es que no puedes ir por ahí apoderándote de propiedades que resulta que se parecen a las tuyas. Esta parece una estafa mucho menos probable que el robo estándar, pero todo el departamento se estructura en torno a la posibilidad de que ocurra. Sugiero que quizá haya una forma de conseguir más información sin asustar al vendedor. Quieren retirar el colgante directamente y mandarle una nota al vendedor alertándolo sobre un problema con el anuncio. Pero yo creo que tenemos tiempo. Nadie lo va a comprar en las próximas setenta y dos horas. Simplemente no puedo permitir que salga de esa casa.

Mi seguridad surge de la única vez que vendí un artículo por eBay: una primera edición firmada de *El código Da Vinci*. Cada vez que seleccionaba algo de mi estantería me lo encontraba, y cada vez olvidaba por qué lo tenía. Luego vería que estaba firmado y lo deslizaría hacia atrás. Cuando trabajaba en Vintage, Dan Brown vino al edificio para firmar ejemplares. Russell siempre animaba a su equipo a que buscase esas firmas, porque «nunca se sabe». Recuerdo haber pensado que aquello era inusualmente cobarde por su parte y lo saqué a colación años más tarde.

—Me refería a que nunca sabes si te gustará el autor —aclaró—. ¿Quién no querría un apretón de manos con Philip Roth? ¿Por qué diablos te molestarías en conocer a Dan Brown?

—Porque tú me dijiste que lo hiciera.

—En realidad, no lo hice.

—Era agradable —dije—. Creo que llevaba unos zapatos bonitos.

—Eso espero.

Cuando decidí vender el libro, el mundo prácticamente se había recuperado de la locura del *thriller* judeocristiano. Me dieron 70 dólares por él y tardé siglos en venderlo. Mi razonamiento es que si tuve problemas para deshacerme de un ejemplar firmado de una de las novelas más vendidas del siglo XXI, tenemos un poco de tiempo con un colgante que cuesta lo mismo que un coche usado.

«Por lo menos ahora sabemos que harás todo lo que te diga —habría dicho Russell, guiñándome el ojo mientras yo salía de su oficina—. Por eso te cuento todos mis secretos.»

La permanencia del objeto también puede aplicarse a los secretos. Solo porque te oculten información o porque no quieras oírla no significa que esta deje de existir. Y a Russell le encantaban sus secretos. Abonado al juramento de meñique, aparecía en la puerta de mi oficina, con el cuerpo apretado contra ella como si mantuviera a raya a un ejército de partes interesadas. Luego se lanzaría a la historia más inocua del mundo. Una mujer de *marketing* había intentado enviar una caja de agua a su casa y había explotado en la sala de correo. ¿Me lo podía creer?

—Mmm... ¿sí?

—¡Uf! —gruñía—, qué aburrida eres.

La información nunca fue tan importante como su placer al compartirla. El mundo de la edición de libros está hambriento de escándalos reales. Tienes que buscar la diversión en alguna parte. Cuando la información era verdaderamente abrumadora, no decía nada o lo mencionaba tan rápidamente, de manera tan casual, que tenías que agarrarlo del brazo y decirle: «Espera, ¿¡qué!?».

Esto es lo que pasó la última noche que lo vi.

Tengo tendencia a omitir esta parte de la historia.

Es porque algún día podría verme obligada a leer estas palabras en voz alta.

El día antes de nuestra cena, Russell y su marido se habían peleado. Tendían a pelearse con la energía de dos adolescentes. Siempre me maravillaba que, después de tantos años, todavía se importasen lo suficiente como para querer asesinarse. En el lugar de donde yo vengo, todo el descontento se concentra en una serie de pullas pasivo-agresivas o respondiendo a una pregunta que solo se ha hecho una vez como si se hubiese hecho cincuenta veces seguidas.

—¿Cuál era el motivo de la pelea?

—¿Cuál crees tú que era el motivo?

Russell había empezado a poner su infelicidad donde una vez había puesto su felicidad. No era acaparador *per se*, pero se estaba implicando cada vez más en una acumulación de artículos del pasado, de recuerdos de un tiempo más feliz. Al principio no parecía un problema. Si mencionabas que querías comprar una pintura al óleo de una cebra, una hora más tarde estabas eligiendo entre tres. ¿Buscabas unas fotografías con ferrotipo? ¿Por caja o por peso? Y luego estaban los libros. Pero el tipo trabajaba en el mundo editorial, ¿qué esperábamos? Como llevaba tiempo sin ir a su casa, no estuve allí para ver cómo empeoraban las cosas. No estuve allí cuando insistía en almacenar colchones viejos en el porche, prometiendo que los movería al día siguiente. No estuve allí para presenciar la adquisición de recipientes para salsa que ya tenía. No estuve allí cuando accedió a tirar una coctelera oxidada, pero, en lugar de hacerlo, decidió escondérsela a su pareja. Tampoco estuve allí cuando su marido descubrió la coctelera.

La pelea se intensificó rápidamente. Russell cruzó el césped, se subió al coche y encendió el motor. Su marido lo detuvo al final del camino de entrada, golpeando la ventanilla, gesticulando para que la bajase.

—Pase lo que pase —le dijo—, no te mates.

Estaba mirando la cuenta cuando Russell explicó esta historia. Él estaba chupando un caramelo de menta.

—¿Qué? —preguntó, amortiguado por el caramelo.

—¿Por qué diría algo así?

—No lo sé. ¿Por qué hace cualquier cosa?

—Supongo que no entiendo cómo pasasteis del «tira esta coctelera» al «no te mates».

—¡Porque está loco!

Muchas veces se sugiere que quienes se quedan tenían una corazonada sobre lo que estaba por venir. «¿Lo sabías?» Nadie tiene las agallas de preguntarnos si teníamos un pálpito y no le hicimos caso. Si ignoramos las señales cuando eran importantes, si estábamos demasiado ensimismados con nosotros mismos y fuimos descuidados. Es un pensamiento inquietante. Pero no se puede vivir la vida así, arremetiendo contra monstruos invisibles, ¿verdad?

A veces, quiero sacudir a su pareja y preguntarle por qué no hizo más si estaban hablándose de esa manera. ¿Por qué no esposó a Russell al radiador más cercano y tiró la llave? Pero soy candidata de alto riesgo para la culpa, la forma de duelo más equivocada. Había empezado a practicar «antes» de que Russell muriera. Gran parte del asunto del robo tiene que ver con la culpa. Tiene que ver con buscar al villano, con el deseo de castigar a esa persona. Porque en el caso del robo hay un villano, hay potencial para la restitución, y también para la justicia. No es así en el caso del suicidio. Así que apunto a la culpa más de cerca. Mi amigo me estaba diciendo algo y yo no lo escuché. ¿Cuánto tiempo llevaba diciéndomelo?

El año anterior, Russell culminó su pastel de cumpleaños con las palabras «sigo aquí», pero nadie le dio importancia por ser una referencia al musical *Follies*. Porque es una referencia al musical *Follies*. Sin embargo, así es como se presenta esa canción:

> *Pensaban que era una canción triste,*
> *pero seguía cosechando risas.*
> *Me dijeron que la cantara de una manera más*
> *triste*
> *y así lo hice.*
> *Salí allí y les di una canción triste.*
> *Y mil ochocientas personas se partieron de risa.*

Cuando quiero defenderme de mí misma, pienso que este es el precio de hacerse amiga de una persona ingeniosa. Si Fran Lebowitz dijera que preferiría suicidarse antes que ir a Times Square, ¿le diría que quizá debería hablar con alguien? No sin una armadura de cuerpo entero. Demasiadas veces no nos preocupamos hasta que ya no hay nada de lo que preocuparse. Esta es la razón por la cual la gente instala alarmas «después de que hayan entrado a robar en su casa.

—Sí, bueno —dije para dar por concluido el tema—, los dos estáis completamente locos.

La culpa por este momento cambia de diámetro, pero nunca se evapora. El duelo por la muerte de un amigo es sentirse como si estuvieras caminando con un jarrón sabiendo que tienes que dejarlo en algún sitio, pero ningún sitio te parece obvio. Otras personas te asegurarán que no hay una manera correcta de hacerlo. Ponlo en cualquier sitio. Pero tú lo sabes bien. Sabes que si pones tu dolor en un lugar demasiado prominente o demasiado escondido, lo recuperarás cuando nadie mire. Por eso me paso las noches observando el interior del restaurante. Fantaseo con la idea de mantener a Russell frente a mí durante un poco más de tiempo, de hacerle preguntas, de saber que nada de lo que diga ninguno de los dos cambiará el resultado. Cada vez el restaurante cierra. Cada vez me deja en la puerta de casa. Cada vez se aleja en la oscuridad.

Y entonces ya no está. Y yo sigo sosteniendo el jarrón.

En esta época, cuando el único número que no filtro es el de un detective irritado, me dan varios libros de autoayuda sobre el duelo. No tengo intención de leer ninguno, pero de algún modo los acabo leyendo todos. Espero en secreto que sean de más utilidad que la filosofía, puesto que estoy siendo demasiado cerebral. Los libros, sin duda, se comercializan para su uso y se compraron para ser usados, recomendados por algoritmos sin sentido a consumidores con buenas intenciones.

Sin embargo, en conjunto, presentan un problema común. En *How to Go On Living When Someone You Love Dies* los títulos de los capítulos son «La pérdida de un cónyuge», «La pérdida de un hijo», «La pérdida adulta de un progenitor», «La pérdida adulta de un hermano», etcétera. Uno de los capítulos se titula «Qué esperar del duelo». Me pregunto cuándo se supone que alguien tiene que comprar este libro. Cualquier persona que haya experimentado una pérdida repentina no tiene un «antes» con el que perder el tiempo. La planificación de funerales es un lujo sensiblero. Una pérdida repentina no es inherentemente peor que una esperada, pero es más probable que sientas que puedes revertirla. Es la diferencia entre olvidarte las llaves del coche en casa y olvidártelas en el asiento del conductor, donde puedes verlas. No puedes entrar en el coche de ninguna de las dos maneras.

How to Go On Living When Someone You Love Dies es un volumen repetitivo sin ningún sentimiento desagradable, excepto los que están tan generalizados que se vuelven desagradables. La autora asegura que escribió el libro porque otros eran demasiado frívolos, pero incluye perlas como esta: «Muchas pérdidas se perciben claramente como privaciones desagradables, como la muerte de un niño o el robo de joyas valiosas».

Ni siquiera yo estoy tan loca como para hacer semejante emparejamiento.

The Other Side of Sadness es un trabajo más elegante, escrito por un científico que desentraña nuestras ideas equivocadas sobre el cerebro durante el duelo. Como sus compañeros de estantería, se escribió porque «los libros sobre el duelo y la pérdida no escasean», pero la mayoría «están escritos desde una perspectiva sorprendentemente limitada». Es una verdad reconocida universalmente que cada libro de autoayuda debe empezar diferenciándose de cualquier otro libro de autoayuda hasta que todos empiezan a sonar igual. No está claro qué les parece tan inaceptable sobre los demás. No son Kant, no, pero sus intenciones son puras. Algunos son informativos. Y ninguno dice: «Capítulo 1: Supéralo». La razón por la que no puedo continuar con *How to Go On Living When Someone You Love Dies* no es que sea inútil. Es que rebota en mi temperamento como una pelota de goma.

De todos ellos, *I Wasn't Ready to Say Goodbye* es mi favorito, porque incluye una guía de una página «para quienes ayudan a las personas que están pasando por un proceso de duelo», lo cual significa que debe ser «fotocopiado y entregado a amigos íntimos y seres queridos». La idea de repartir en silencio una hoja de papel, preferiblemente plastificada, sobre «cómo tratarme» me proporciona las primeras risas en meses. *I Wasn't Ready to Say Goodbye* me recuerda a los títulos de las novelas románticas adolescentes de los años ochenta que Russell solía rescatar de la estantería de libros donados junto a la cafetería de la oficina y dejaba en la silla de mi despacho: *It's No Crush, I'm in Love! [No es un flechazo, ¡estoy enamorada!]; He Noticed I'm Alive... and Other Hopeful Signs [Se ha dado cuenta de que estoy viva... y*

otras señales esperanzadoras]; I Will Go Barefoot All Summer
for You [Iré descalza todo el verano por ti]; I'll Love You When
You're More Like Me [Te querré cuando te parezcas más a mí].

Mi instinto por alejarme de los libros de autoayuda (la ayuda
es para las personas cuyos seres queridos están realmente muertos) o de darlos por perdidos por ser una basura se frena por
cómo comienzan...

«Recuerdo todos los detalles vívidos y surrealistas de aquella
mañana...»

«El 1 de abril era un día soleado y bonito...»

Poco a poco empiezo a entender por qué todos están tan de-
sesperados por diferenciarse y, sin embargo, no pueden despeda-
zarse abiertamente unos a otros, por qué todos son tan com-
prensiblemente diplomáticos: es porque ninguno de sus autores
se ha recuperado. Quieren recuperarse y quieren ser útiles, pero
¿y si tuvieran que elegir? Se quedarían con la recuperación. O,
como premio de consolación, con la catarsis. Por desgracia,
como escribió la autora italiana Natalia Ginzburg, «no es que
uno pueda esperar consolarse de su tristeza escribiendo. Uno no
puede abrigar la ilusión de que el propio oficio lo acaricie y lo
acune».

Lo que sí puedes hacer es ser prudente con otras personas.
Los seres humanos son objetos sólidos hechos de materiales de-
licados. Tal vez por eso nos gustan tanto las joyas, porque son
nuestra parte inversa: cosas delicadas hechas de materiales sólidos. Y no es agradable hurgar con demasiada fuerza en la herida
abierta de otra persona. Habiendo escrito un libro sobre la pérdida, ¿quién mejor que tú puede saber lo abierta que permanece
esa herida? ¿Quién puede saber mejor que tú que la palabra escrita nunca debería confundirse con la palabra definitiva? ¿O que
una parte de ti piensa que si escribes la mejor historia posible, él
podrá oírte? Porque ¿qué es la idea de que algo existe, aunque no
puedas verlo, si no la definición misma de la fe?

Buenas noticias: el anillo de ojo de tigre llega sano y salvo, en un paquete con plástico de burbujas. Ponerme en el dedo este recuerdo del pasado, arrojado desde el otro lado del umbral, es una experiencia casi cinematográfica. Le pregunto: «¿Te has divertido esta vez?». No es el primer intento de huida del anillo. Hace años estaba fregando los platos después de cenar en la cocina de un hombre con el que salía y dije: «¿Quieres ver una idea terrible?» y deslicé el anillo del dedo lleno de jabón, dejándolo en el borde de su fregadero. A la mañana siguiente, distraída por nuestra ruptura, me dejé el anillo de verdad. Mandé a una amiga a recogerlo, un encargo inmaduro que me llevó a acribillarla a preguntas inútiles como «¿se le veía triste?».

Muevo la mano de un lado a otro. ¿Lo ves? Sí podemos recuperar lo que hemos perdido. Y, según el remitente, lo que hemos perdido está en Sheepshead Bay.

Voy al ordenador. La casa tiene dos niveles y revestimiento de aluminio, una especie de camino de entrada y una unidad familiar en cada planta. No hay coches, pero hay un buzón diseñado para parecer un anfibio. Creo que quizá el remitente vive en la segunda planta, porque su identificador en eBay termina con un 2. Puede que vaya hasta esta casa y toque el timbre. Tal vez llevaré a un amigo, alguien lo suficientemente intimidante para parecer un agente de policía sin ser un agente de policía. Quizá lleve flores. O un bate de béisbol. Hago una lista: «Flores, bate, matón».

Llamo a un amigo que había sido investigador privado y le propongo que pasemos el día juntos, alquilemos una furgoneta, compremos unos bocadillos. Planteo la idea de conseguir acceso a la casa preguntando si podemos usar el baño, un plan tipo «el coche nos ha dejado tirados» alejado tanto del tiempo (no estamos en los años cincuenta) como del espacio (esto es Nueva York). Me dice que le parece un plan terrible.

—¿Qué haces cuando estás vigilando y tienes que ir a mear?

—Botellas de Gatorade.

—Terrible.

—Ya no me dedico a eso.

—Por el tema de mear.

—No, no es por el tema de mear.

Mi amigo investigador privado está demasiado ocupado viviendo su vida, o demasiado poco interesado en la mía, como para salir de su jubilación, de modo que me recomienda a «unos tíos» si quiero seguir por ese camino. Por supuesto que quiero. Los tíos tienen una página web en la que se detalla su carrera como antiguos agentes de las fuerzas especiales, antiguos marines, antiguos agentes de la CIA y antiguos agentes del Departamento de Policía de Nueva York, pero eso es «todo lo que pueden decir». A mí me parece que ya han dicho mucho. Dudo sobre si trabajarían en un caso de robo de perfil bajo, pero uno de ellos me llama prácticamente coincidiendo con el silbido de mi correo electrónico enviándose. Me dice que no puede hablar mucho rato porque está en Nuevo México.

—Tiene sentido.

—Me parece bien esperar fuera de la casa —dice—. Sabemos cómo lidiar con este tipo de elementos. El truco es atraparlos con las manos en la masa de nuevo.

Planteo la idea de que vender artículos por internet se parece bastante a una persona tecleando.

—Sabemos lo que estamos buscando —dice, y menciona una cantidad escandalosa.

Busco otras ideas, hago encuestas. He aquí un enigma: ¿cómo puedo conseguir mi colgante y quedármelo sin perder dinero? Una idea es comprarlo y afirmar que es falso. Estas personas no tienen documentación. La gata no daba facturas. Me gusta este plan; incluso podría abrir un apartado de correos en Canal Street. Pero solo es la mitad de un plan. Me dirán que lo devuelva. ¿Y, entonces, qué?

—Entonces les mandas una rata muerta.

Esto viene de uno de mis amigos varones, que son todos una fuente de ideas atroces. La mayor parte del tiempo me siento como si este delito me hubiese ocurrido a mí (específicamente, y no a una mujer en general), pero cuando empezamos a hablar así, nuestros géneros se vuelven pronunciados. A mis amigas la idea de provocar a delincuentes que pueden o no saber dónde vivo no les parece muy buena.

—¿Dónde podría conseguir una rata muerta? —pregunto.

—Estamos en Nueva York.

—Entonces consígueme tú una rata muerta.

Otro amigo me sugiere que envíe de vuelta una caja vacía («como la de la cabeza de Gwyneth Paltrow, pero sin la cabeza», aclara) y que luche por el dinero en los tribunales de PayPal y American Express. Otro sugiere una guerra cibernética. Conoce a un tipo que conoce a un tipo (¿adónde han ido todas las mujeres reparadoras de problemas?) que podría congelarle las cuentas, inscribirlo como jurado popular, hacerle la vida imposible. ¿Estos hombres han visto demasiadas películas o muy pocas?

Al final llamo a Traje Gris con una idea propia imperfecta. ¿Y si compro el colgante, lo llevo a comisaría y se lo entrego? Aparentemente, si sospechas que has comprado bienes robados, puedes cederlos a custodia policial mientras la policía localiza al propietario legítimo. No debería ser un proceso largo.

—No podemos hacer eso.

—Oh, ¡anda ya!

Está tan poco dispuesto a pescarlo que apuesto a que hace una mueca al ver su propia tarjeta de visita.

—No podemos hacernos responsables de ello.

—No, claro que no.

—Y a no ser que puedas demostrar que es robado...

—Pero es que puedo demostrarlo. Podemos demostrarlo. Las fotos. El informe policial.

—... Lo tendríamos retenido en comisaría mucho tiempo. Estas cosas pueden tardar un año en procesarse.

—¿Tantos colgantes robados tienen?

—No lo sé —dice—. Nunca lo he mirado.

Ojalá Russell estuviera aquí. Me diría que todo iba a salir bien. Siempre tuvo una visión felina de sus amigas más jóvenes, especialmente de las asistentes a las que, incluso si no eran «su» asistente, adoptaba como si lo fueran. Siempre que alguna de nosotras estaba preocupada nos aseguraba que todo iría bien. Íbamos a caer de pie y, si no era así, habría alguien allí para cogernos, porque todas éramos tremendamente adorables. «Ese es gentuza.» «Esa está amargada.» «Ellos se lo pierden por no contratarte.» «Encontrarás un piso mejor.» «¿Por qué? Porque eres tú.» Tuvieron que pasar años para que empezara a interpretar estos cumplidos como breves insinuaciones despectivas de que ninguna de nosotras sabíamos lo que era una situación difícil. «¿Por qué tienes que preocuparte? Eres muy inteligente, muy joven, muy querida». Eran adjetivos que pensaba que ya no podían aplicarse a él.

Malas noticias: la siguiente vez que clico en el colgante, el enlace no funciona.

En lugar de revisitar esta escena lamentable (el frotamiento de sienes, el grito de epítetos, la desfibrilación del enlace no operativo), vamos a tomarnos este tiempo para preguntarnos a qué nos referimos cuando decimos «recuperarlo». Porque no suena muy cuerdo. Por la mínima posibilidad de que consiga localizar el colgante por segunda vez no creo que Russell aparezca como un genio cuando frote el ámbar, un holograma girando desde el núcleo. Tampoco creo que se reconstituya a sí mismo y su espíritu vuelva a vagar por la Tierra. Aunque no sería inaudito que pensara esas cosas.

Hay innumerables rituales funerarios que tratan los objetos no como ofrendas, sino como puertas de entrada. Se sabe que ciertas culturas indígenas americanas quemaban las posesiones de los muertos para que su espíritu no regresase a través de ellas. Era famosa la costumbre de egipcios y griegos de colocar objetos valiosos al alcance de la mano de los fallecidos. En todo el mundo, la idea era que esas personas podrían regresar para recuperar sus cosas, así que no agravemos su estrés con nuestro pánico. Según civilizaciones con una historia mucho más larga que la nuestra, de algún modo puedes llevarte esas cosas contigo cuando te vas. Para los agnósticos hay algo curioso en esta línea de pensamiento, especialmente cuando se diluye a lo largo de los siglos. No enterramos al abuelo con su reloj porque pensemos que necesitará decir la hora. No hay monedas en los ojos contemporáneos.

Es menos aceptable socialmente pensar que lo mismo funciona a la inversa. Sin embargo, he absorbido las ideas propagadas por nuestra civilización actual y he llegado a un acuerdo: a cambio de esta muerte tan desequilibrada lo que obtengo es una pérdida más permeable. Una pérdida más discutible. Russell es, sin duda, su propio asesino, pero este asesino nunca será atrapado. O, espera, ¿lo atraparon pero nunca lo llevaron a juicio? ¿Podemos probar el móvil? ¿Deberíamos rescatar la expresión «homicidio involuntario» o eso nos provocaría una hemorragia nasal? Incluso la frase «consumó el suicidio» es discutible. Más bien es ofensiva, por razones obvias. En 2015 (quizá no eran tan obvias, al fin y al cabo), el libro de estilo de Associated Press empezó a recomendar que se usase «murió por suicidio» en su lugar. No obstante, la segunda acepción de «consumar» me parece igual de problemática.

Poco después de la muerte de Russell murió el poeta y crítico Al Alvarez y decidí leer su aclamado ensayo sobre el suicidio, *El dios salvaje*. Llevaba años queriendo leerlo, especialmente porque se centraba en su relación con Sylvia Plath, pero también porque ya lo tenía en mi estantería. Se me quedó grabada una escena bárbara casi al inicio del libro. Alvarez relata la historia de un hombre en el Londres del siglo XIX que intentó quitarse la vida cortándose él mismo la garganta. No funcionó, de modo que «lo ahorcaron por suicidio». Aquí Alvarez cita *Los exiliados románticos*, del historiador británico E. H. Carr, una obra sobre el escritor ruso Alexander Herzen, que a su vez menciona una carta de uno de los horrorizados amigos de Herzen, que nunca vio el ahorcamiento, aunque leyó sobre él en un periódico. El contexto de la historia sigue cambiando, pero la descripción continúa siendo potente. No es algo que recomendaría a nadie que leyese. Aun así, en mi estado actual, estoy mucho menos turbada por las imágenes espantosas que por la «elección» que le arrebataron a este hombre.

«Siempre hay razones especiales por las que un hombre elegiría morir de una forma antes que de otra», escribe Alvarez. A mí me parece que el método específico de la muerte de Russell, el que él escogió (no se le hubiese ocurrido conseguir o usar una pistola) tiene efectos psicológicos igualmente específicos. Creo que con gas o pastillas hay espacio. Tiempo para que el asesino tome una forma y la víctima otra, dos versiones de la misma persona, una que posiblemente no iba en serio. Una que podría haber vivido, aunque fuera poco tiempo, para expresar sus propias condolencias antes de hundirse en el olvido. Ninguno de nosotros es exactamente la misma persona que era hace una hora. En mi cerebro aturdido por el dolor me obsesiono con esta idea y empiezo a pensar en que otras clases de suicidio habrían contribuido a un proceso de duelo «mejor». Este es el pensamiento insensible de alguien cuyo único deseo es cualquier otra historia que no sea la que realmente sucedió. Sin embargo, eso no me impide tenerlo.

La falta de tiempo entre la decisión y el acto, entre el acto y su consecuencia, hace imposible desearle el mal o la paz a Russell sin sentir que estoy cortando el cable equivocado. «Morir / es un arte, como todo lo demás», escribió Plath, cuyo coqueteo con la muerte durante toda su vida fue demasiado lejos una fatídica mañana de febrero. Y el arte siempre es subjetivo. En la misma línea, cuando pienso en Virginia Woolf no lo hago simplemente como una mujer indefensa, partícipe de la morbosa fascinación que ha surgido alrededor de estas dos escritoras, sino que pienso en las ventanas temporales de sus muertes. El tiempo que tardó Woolf en llenarse los bolsillos de piedras. La selección de esas piedras. ¿En qué momento empieza el suicidio? ¿Cuándo empezamos a contar? ¿En la orilla del río o en el río? ¿La noche anterior en la cocina o la mañana siguiente? Rilke advirtió que «debemos aprender a vivir: eso es todo en la vida. Preparar gradualmente la obra maestra de una muerte orgullosa y suprema, una muerte en la que el azar no tiene ningún papel, una muerte de fina elaboración, dichosa y entusiasta, del tipo que solo los santos supieron moldear».

Todo esto está muy bien. Pero es difícil improvisar algo así en el último momento.

¡Qué espantoso trabajo hace el suicidio con el dolor! A veces mezclo culpa y acción, a veces las separo como si estuvieran en una centrifugadora moral, a veces pienso que, de cualquier modo, no importa.

En todo esto se introduce el colgante. Estoy tratando de encajar este pedazo de savia de árbol fosilizada en el caos. Eso hará que la rueda deje de girar. No hay ninguna lógica en juego más allá de eso. Durante este tiempo creo, tanto como creo en mi propio reflejo, que Russell sabrá que el colgante está en mi poder. ¿Y, entonces, qué? No era su estúpido colgante. Ni siquiera era su favorito. Sin embargo, mi cerebro no se molesta en hacerse preguntas ordinarias como «cómo» o «por qué». Solo sabe que «debe». Solo sabe que debe parar la hemorragia. Si el colgante puede volver a casa, entonces todo será tal como era antes.

Rastreo en internet. Me levanto, rastreo. Como, rastreo. Me meto en la cama, rastreo. Me ducho, no rastreo. Me imagino un eslogan para una secuela de superhéroes: «Esta vez es personal». ¿Acaso antes no era personal? Así pasan dos meses enteros. Parece que, después de todo, sí tengo una afición: buscar el colgante es mi única actividad de ocio. No encontrarlo empieza a parecer productivo. No importa cuántos colgantes de ámbar haya en el mundo o cuántas vidas se necesitarían para verlos todos: hay una recompensa en el proceso de eliminación. Cada día es una oportunidad para confirmar dónde «no» está el colgante. No está en Craigslist. No está en la tienda de comestibles de la esquina. No está en esta caja de cereales. Haberlo localizado y haberlo perdido de nuevo, a veces, me llena de miedo de no volver a tener otra oportunidad. Otras veces me llena de confianza de que sí la tendré. Estas sensaciones se cancelan una a la otra hasta que solo queda el brillo de las pantallas.

Tal vez por este motivo, cuando el colgante aparece en la página de un nuevo vendedor la noche del 27 de diciembre de 2019, exactamente seis meses después del robo, no siento conmoción ni alivio. Solo determinación: «Así que nos volvemos a encontrar, amigo de color zanahoria». Esta vez no habrá policías ni correos electrónicos lastimeros a eBay ni burocracia. No estaré a merced del sistema. Esta vez soy una justiciera, la Reina Clandestina.

Esta vez es personal.

El nuevo vendedor está en Manhattan. El colgante está cada vez más cerca. Lamentablemente, este vendedor tiene un inventario mucho más impresionante que el anterior. Hay pulseras de tenis con diamantes y anillos de compromiso con un proceso de extracción desafiante detrás. Sin embargo, las fotografías son las mismas; se las han pasado de un delincuente a otro. Puedo sentir los crujidos de esta red de ladrones en la pared, como si fuesen roedores. Cuando le explico a mi madre que he vuelto a encontrar el colgante, se queda callada mucho rato. Finalmente dice: «Creo que debería recordarte que "no" nos gustaba mi madre».

Cuelgo el teléfono. No tengo tiempo para esta falta de visión.

Al examinar la mercancía del nuevo vendedor, investigando el terreno, un artículo destaca: un Rolex clásico. Hago clic, pasando fotografías del bisel, haciendo zum en las pequeñas esferas. «¿Quieres ayudarme a liberar un colgante?», susurro.

Hace siglos que no hablo con el hombre en cuyo fregadero me olvidé el anillo, aunque recuerdo que coleccionaba Rolex clásicos. A veces, este es un panorama tan exclusivo como parece, a veces puede hacerse en eBay. La mayoría de los hombres con los que he salido no estaban en posesión de una sensibilidad hacia el diseño que pudiera confundirse con intención, pero este tiene un fondo de armario real. Como su perfil de eBay muestra un historial de compra de artículos caros, concluyo que no será sospechoso que gane una subasta por un reloj que no tiene ninguna intención de comprar. No será sospechoso que luego le pregunte al vendedor si puede examinar el reloj antes de transferir el dinero, obteniendo de este modo la dirección donde está el colgante. Es un plan sin fisuras.

—¿Por qué no pujo directamente por el colgante?

—Porque —digo, poniendo los ojos en blanco— hay mucha atención puesta en el colgante.

—Tú no estás bien.

—¿Eso crees? Pues no sabes lo de las ratas.

Está muy dispuesto a ayudar. Además de ser una persona generosa, un robo desencadena su complejo de héroe, así que trama un plan aún más enrevesado. Una vez que tenga la dirección organizará un encuentro para ver el reloj, durante el cual encontrará un rasguño en la esfera. Qué pena. Pero ¿quizá pueda comprar un regalo para su novia, ya que está aquí? Entonces cogerá el colgante, blandirá una copia de mi informe policial y dirá algo así como «no querrás tener problemas con esto, ¿verdad?».

—No puedes hacer eso.

—No querrás arriesgarte a perder cinco mil dólares con este trato, ¿no?

¡Pero bueno! El Rey Clandestino.

Durante un tiempo, todos nuestros planes son en vano. El vendedor es extrañamente evasivo con el reloj, incluso con una oferta firme sobre la mesa. ¿Acaso olemos a operación encubierta, a personas que hace muy poco que se han convertido en personajes duros de literatura barata? El vendedor está siempre fuera de la ciudad o muy ocupado. Solo después de semanas de meticuloso seguimiento nos proporciona una hora (las 15.00 horas), una fecha (mañana) y una dirección: calle 47 Oeste. El corazón del distrito de los diamantes.

Cuando vi el precio del colgante en la página del primer vendedor, una sensación de alivio se incrustó en mi indignación. El valor del colgante no es evidente para el ojo inexperto. Sin embargo, siendo uno de los artículos con el precio más elevado en la página del primer vendedor, por lo menos quienquiera que se lo quedase sabría que no debía hurgarse los dientes con él. Ahora que lo han transferido al mayor mercado de diamantes del mundo su destino parece menos seguro. La compañía es halagadora, pero no destacará entre los demás. Estas personas podrían moverlo de sitio y no echarlo de menos. Tenemos que sacarlo de ahí.

Así que accedo al plan de mi ex.

Me envía un mensaje unos minutos antes de su cita para ver el reloj y decirme que se dirige al edificio. Como respuesta le envío una fotografía de Obama en el salón de estrategia, observando la redada de los Navy SEAL en casa de Bin Laden. Camino de un lado a otro de mi piso y no me doy cuenta de que lo estoy haciendo hasta que me golpeo el dedo del pie con un taburete. La gata sale disparada de la habitación. Diez minutos después suena el teléfono.

—Abortamos plan.

—¡¿Qué ha pasado?!

Empieza a susurrar como si todavía estuviera dentro de la casa, aunque está en la calle. No ha pasado nada. Ese es el problema. El lugar es «muy oscuro», un cuchitril en la planta baja con un hombre y una mujer vigilando una caja fuerte.

—Y, claro, no podía preguntar: «¿Qué hay en la caja fuerte?».

—Claro, claro.

Tal como observó una vez el escritor David Rakoff, «hay algunas preguntas en la vida cuya mención es su propia ruina. ¿Estoy despedido? ¿Esto es una cita? ¿Estás rompiendo conmigo?». Yo añadiría «¿Qué hay en la caja fuerte?» a esta lista.

—Y no me han dejado ver el reloj. Les he enseñado toda la comunicación con el tipo. Me han dicho que no tenían ni idea de lo que estaba diciendo.

—¿En serio? ¿Cómo vas vestido?

—¿Qué tiene eso que ver con nada?

—¿Es posible que lleves más de un polo encima?

—Que te den, Nancy Drew.[1]

He entrado cojeando al dormitorio y estoy sentada en la cama, mirando el especiero vacío. Hay muchas personas que me han dado muchas cosas. Toma esta bebida, esta sopa, estas tarjetas de condolencias, estos libros, esta amistad. Tengo la ayuda de personas que conozco. Tengo una habitación en una casa de campo para el fin de semana y una invitación a cenar en pie y una manta con peso. Tengo el anillo que la hija de una amiga ha hecho con escobillones. Tengo un expediente de la policía y una receta del médico y un inicio de sesión en un grupo de duelo. El mundo no está construido para nadie, ni siquiera para una Sedgwick, pero ahora mismo está construido para mí. ¿Por qué nada de esto es suficiente?

Porque me han abandonado. Es por eso.

—Voy a entrar —le digo a mi ex.

—No puedes hacer eso. ¿Y si te disparan?

—Nadie me va a disparar —digo, un 98,4 por ciento segura de ello.

El colgante de ámbar es del mismo color que estos asientos del metro. Hay una mujer frente a mí con un abrigo apolillado que

1. Nancy Drew es la protagonista de una serie de televisión y una saga de libros del mismo nombre, sobre una adolescente que ejerce de detective aficionada para resolver una serie de asesinatos con un toque paranormal tras una tragedia familiar. [N. de la T.]

lleva un carrito con comida para perros. Nos sonreímos. Esta etapa del duelo es impredecible. Justo cuando piensas que tienes el control sobre él, se abre una grieta por donde entra la locura. El dolor es un fenómeno meteorológico que se construye y se expande, aterrizando en algún momento, como un rayo. Si alguna vez te has lesionado la espalda al cepillarte los dientes, esta sensación te resultará familiar. Hubo mil movimientos que contribuyeron a esta lesión, pero técnicamente te lesionaste la espalda por escupir en un fregadero.

Cuando salgo de la estación, camino en el sentido equivocado por la calle 47, recorriendo los números ascendentes, pero moviéndome hacia atrás. Estoy tan nerviosa que he olvidado cómo funciona lo de contar. Esto no augura nada bueno para mis habilidades de negociación. Me pregunto si lo que estoy haciendo es estúpido o tremendamente estúpido. Mi deseo de rescatar un fragmento del pasado está oscureciendo un porcentaje desconocido de mi sentido común. Incluso si quisiera dar la vuelta, claramente no podría confiar en que fuese en la dirección correcta.

La entrada del edificio está encajada entre dos escaparates que recuerdan a peceras. Hay hombres con gabardinas negras paseándose al otro lado del cristal. Estas joyas señalan una concepción de la belleza que corre en paralelo a la mía. La iluminación y los diamantes forman un matrimonio perfecto en el que la estructura de una está diseñada con los otros en mente. En teoría debería gustarme. Examino el panel del timbre; los botones de plástico son más adecuados para un bloque de pisos.

—Solo tienes que empujar el pomo —me dice un guardia de seguridad, que lleva una boina de lana con un parche del Departamento de Policía de Nueva York cosido como una diana en la frente.

Pertenece a una de las tiendas-pecera. Encargarse de la puerta sin nombres es un subproducto geográfico de su jornada. Su tono me parece firme. Si otras personas entran aquí con la frecuencia suficiente como para justificar la exasperación, significa que también salen.

Una vez dentro, me encuentro con un cartel de «delicias *kosher*» colgado en el hueco de la escalera, anunciando el restaurante de la última planta con una fotografía de un kebab gigante. Hay un cartel en cada rellano, como si fuese una yincana del cordero. Sin embargo, no huele a restaurante. Voy a la última planta y asomo la cabeza. Es la hora de comer, pero las sillas están dadas la vuelta. Hay un puesto de bufet, cubierto por un plástico, cajas polvorientas con vasos de plástico y una puerta trasera con múltiples candados. Un restaurante me parece una tapadera criminal muy molesta. No sé qué están haciendo estas personas, pero no están vendiendo reliquias familiares salidas de armarios escoberos.

Mi destino es la *suite* 303. El número está escrito con la caligrafía desenfadada de alguien que primero pegó el papel a la puerta y luego escribió sobre él. Hay múltiples entradas integradas en espejos de visión unilateral. Presiono uno de los timbres y me quedo bajo una cámara para que puedan tener una visión clara de mí, de mi comportamiento inofensivo, mis manos vacías. Presiono de nuevo. No hay respuesta. Entonces se abre una puerta a mi derecha y me lanzo hacia ella. Dos hombres con barba están saliendo. Me miran como si fuese una especie de persona imposible de catalogar.

La habitación es tal como la describió mi ex. Tiene la luminosidad opresiva de una caseta de alquiler de coches. El suelo es de fórmica y hay cuatro paredes sin ventanas, una con un calendario de pared, todavía pegado a una fotografía de una menorá. Sin embargo, el recuento de personas es algo diferente. No hay dos personas en esta habitación. Hay diez hombres. Cuatro de ellos están sentados en sillas plegables, dos están de pie a un lado de una pared divisoria, otros dos en el lado opuesto, uno alto está apoyado contra la caja fuerte en la parte de atrás y un anciano caballero jasídico duerme en una butaca La-Z-Boy, el único mueble de la sala. Los dos hombres al otro lado de la pared divisoria visten con chándal de felpa, con un toque de oro en el cuello. La puerta se cierra detrás de mí.

—¿Quién te envía? —pregunta uno de los hombres al otro lado de la pared divisoria.

Nunca he oído a nadie hacer esta pregunta en la vida real.

—No me envía nadie —digo, probando el sonido de mi propia voz—. Esperaba poder hablar con el jefe.

—Cuarta planta —dice con una desdeñosa falta de contacto visual.

—El restaurante no —digo, tratando de actuar como si supiera—. Venía buscando esta tienda.

—No es una tienda.

Se ríe y hace gestos hacia lo que nos rodea como si yo fuera idiota. Muestra de manera bastante transparente que le gustaría que me fuera. Debe de ser el mismo hombre que no dejó que mi ex viese el reloj. Nos convencí a los dos de que no pasaba nada por venir sola, que estábamos subestimando el poder de la oveja descarriada. Sin embargo, si nadie se apiada de mí, hay una serie de reacciones viables a mi presencia. Temo más la burla que la violencia. Pero también temo a esta.

Sonrío con suficiencia, apuntando a algún lugar entre el recrudecimiento y la inercia. Estoy grabando esta conversación con propósitos confusos y tengo 500 dólares en efectivo repartidos por todo el cuerpo, parte de ellos calentándose en la base de mis zapatos. Pero estas personas no parecen de las que llevan dinero en efectivo en los zapatos. Hay un televisor de pantalla plana en el rincón con un documental de la PBS.

Intento imaginar qué haría Russell. En el mercadillo, en las escasas ocasiones en que no podía convencer a un vendedor para que le bajara el precio, abandonaba la conversación y se marchaba. Luego volvía sobre sus pasos y charlaba, explicando su mañana, preguntándole al vendedor por la suya, compartiendo historias de sus otras compras. Y de repente estaba envolviendo con un cordel la lámpara *art déco* de sus sueños. Así que hago lo que hubiese hecho él. Informo al grupo de que tengo una historia que contarles. Solo serán cinco minutos y están todos invitados a escucharla. El caballero anciano del sillón se despierta, examina la habitación y se detiene en mí, pestañeando. Le doy una copia de la fotografía y el anuncio en eBay al hombre que está ahora inclinado hacia delante en la pared divisoria, con los brazos estirados, los hombros levantados.

—¿Ayudas visuales? —pregunta con un acento peculiar. Esta vez todos se ríen. Yo también me río, tratando de forzar la apertura de esta grieta de confusión, pero se cierra tan rápidamente como se ha abierto. Estudia las imágenes con gesto inexpresivo. No sé qué es lo que hay que estudiar, aunque tiene la misma cara que yo cuando pruebo muestras de yogur helado en un aeropuerto. «¿Y qué es este mejunje al que llamas "menta con pepitas de chocolate"? ¿Cómo podría ser eso?» Tal vez está sopesando los beneficios de admitir que tiene el colgante, evaluando la probabilidad de que yo sea detective. ¿Es que huelo a pis y a Gatorade?

El documental de la PBS trata sobre una mujer que huyó de Irán con su hijo. Esto genera un ruido de fondo desafortunado para el relato de mi historia, un infortunio menor en comparación. Empiezo con las huellas de las botas en mi cama. Les explico que el ladrón se llevó la estrella judía «de la guerra» de mi abuela (me falta una estrella judía «de los años noventa»). Luego les cuento cómo intenté estafarlos, les hablo del buen tipo y de Traje Gris, y de los prestamistas y las ratas muertas. Y hemos llegado al final. Si quieren, pueden fingir que nunca han visto ese colgante. Será como si nada de esto hubiese pasado. Porque no me queda nada. No tengo más pistas. Le he entregado mi cordura al pasado, mi corazón a Russell y mi ventaja a estos desconocidos. Si todo lo que ocurre después de hoy es que me han mirado a los ojos, *dayenu*.[2]

Susurran entre ellos en hebreo. Esto es excesivo. Uno u otro servirá.

2. Expresión en yidis que significa, literalmente, «habrá sido suficiente». [*N. de la T.*]

Finalmente, el hombre alto junto a la caja fuerte habla:

—¿De dónde ibas a sacar una rata muerta?

«Gracias.»

—¿Entraron en tu casa por la fuerza? —dice el anciano del sillón con voz aguda.

Tiene un acento de Long Island, como piedras saltando por el río East.

—Sí.

—¿En Manhattan?

Men-hat-tin.

—Sí.

—Una pena —dice chasqueando la lengua.

Diez siglos de persecución religiosa han preparado a esta persona para las cosas malas. Estoy segura de que habría tenido una reacción similar a un suicidio. «Una desgracia, ¿qué hay para comer?»

—Este —dice el hombre que tiene mis fotos, señalando la imagen del colgante—. Lo conozco. Vuelve mañana y podremos discutirlo.

Miro la caja fuerte.

—¿No podemos discutirlo hoy? —pregunto, intentando nivelar mi tono.

—Ahora no está aquí.

Es posible que esté diciendo la verdad. Pero estoy bastante familiarizada con su mercancía y es sucinta. ¿Dónde podría estar el colgante si no es en la caja fuerte?

—Mañana —repite—. Pregunta por Dimitri. Yo soy Dimitri.

—Vale —digo—. Gracias.

Lo he pillado con la guardia baja. Quizá mañana estará mejor preparado. He sido muy osada entrando aquí y haciendo acusaciones. Es un hombre de negocios. ¿Tengo la menor idea de con quién estoy tratando?

En realidad, no.

Mi licorería no tiene muchas opciones de vinos *kosher*, de modo que uso el método tradicional y escojo la segunda botella más barata. Mientras bajo por la calle 47, bolsa de papel atada con una cita inflamable, le hago un gesto con la cabeza al guardia de seguridad del gorro. Llevo más dinero en efectivo encima que ayer. Parte de este está en el sujetador, lo cual tiene pinta de ser un error. De todos modos, no sé cómo saldrán las negociaciones. Si traigo muy poco, mi búsqueda habrá sido en vano. Si traigo demasiado, puede que pierda demasiado dinero. No quiero pasarme años calculando todas las cosas que estoy dejando de pagar para justificar el hecho de volver a comprar mi propio colgante.

Ayer vi cámaras en la escalera, así que he vuelto sola. No quiero que nadie piense que he traído refuerzos. Sensato o no, es un placer pensar así, sentirme en casa en este espacio de transacción y oscuridad, en esta tierra donde la única ley es que puedes salirte con la tuya. ¿Russell conocía una versión de este mundo? ¿Múltiples versiones? ¿Múltiples secretos? El suicidio, a diferencia de la mayoría de las muertes, es matemática que funciona hacia atrás en lugar de hacia delante. Es suficiente para volverte loco.

En la luz halógena de un nuevo día, la *suite* 303 parece algo debilitada. El elenco de personajes de hoy se limita a Dimitri, una mujer con una blusa fina con volantes y un hombre con una cazadora de cuero que, como yo, tiene negocios pendientes aquí. Me quedo atrás mientras Dimitri y este hombre llevan a cabo un intercambio que implica un sobre y un abrazo. Se dan palmaditas en la espalda. Cuando el hombre se marcha, Dimitri empieza a hablar con la mujer en hebreo, pero ella lo interrumpe, haciendo un gesto con la cabeza hacia mí.

—Oh —dice él al verme la cara—, ¿esto es para mí?

—Sí —digo, y enseguida me avergüenzo del vino.

Coloco la bolsa en la pared divisoria, que es más estrecha que la base de la botella. La mujer me observa mientras llevo a cabo este acto de equilibrio sin interferir. No se deja impresionar. Mientras tanto, Dimitri se palpa los bolsillos y levanta papeles, como si hubiese perdido las gafas. Por fin saca un objeto de la parte superior de la caja fuerte.

Es una bolsa de plástico para bocadillos.

Se me abren mucho los ojos con el sonido del colgante cuando lo extrae de la bolsa. Dimitri se da la vuelta y veo que está sosteniendo el amuleto por la cadena. La plata ha empezado a oxidarse alrededor del ámbar. Si llevas plata cada día, nunca tendrás que pulirla. La grasa de la vida la mantiene reluciente.

—Dame la mano —me ordena, y yo lo hago sumisamente.

Deja caer el colgante en la palma de mi mano, con la cadena encima. Luego me cierra los dedos y dice:

—Cógelo. Esto no debería haber pasado.

Me pregunto qué diablos «debería» haber pasado. Pero me distrae lo liviano que es. Cada vez que miraba una fotografía del colgante ganaba unos cuantos gramos.

—Lo que te ocurrió no estuvo bien —enfatiza—. Quédatelo.

Siento el escozor de las lágrimas en los ojos.

—¿Estás «llorando»?

Sacudo la cabeza. Todo el mundo, desde los amigos más cercanos hasta los operadores de eBay más distantes, ha abordado la historia con una construcción básica de «son cosas que pasan». Ocurre lo mismo con el suicidio. ¿Es horrible? Sí. ¿Es algo inaudito? No. Forma parte del horror. La mayor parte de las cosas malas existen dentro de la misma realidad brutal. Sin embargo, la realidad de Dimitri es un poco distinta. Aquí tenemos a una persona que pasa el tiempo en el extremo turbio del espectro de la moralidad. Esto le da la autoridad para evaluar los delitos por lo que son, no por lo que parecen. La vida es injusta, está claro, pero no tan injusta. No debería ir por ahí pensando que es injusta.

—¿Algo más? —pregunta la mujer de la blusa de volantes, con la mano en la cadera.

Es evidente que se ha debatido sobre cuál es la mejor manera de proceder en esta situación y que ella ha perdido. Por eso Dimitri no podía darme el colgante ayer; porque ella no estaba allí para dar su aprobación.

No puedo apartar los dedos del ámbar. Pronto llegaremos a casa y lo miraré cuando estemos a salvo. Por desgracia, mi plan no funcionará. Las cosas no serán como eran antes, nunca más. He intentado negociar hacia atrás en el tiempo porque pensaba que podría hacerlo y que al menos uno de nosotros podría quedarse igual después de lo que ha pasado. Esto es lo que Russell habría querido. Es lo que quería cuando estaba vivo, que yo me quedase atrapada en el ámbar para siempre. «¿Por qué tienes que preocuparte? Tienes todo el tiempo del mundo.» Me he resistido mucho. Pero ahora es el momento de dejar de luchar. Soy mayor de lo que era y Russell está muerto del mismo modo en que todas las personas que han muerto están muertas.

Aun así, he logrado preservar un pequeño fragmento de fe como recuerdo. Cualesquiera que sean los contornos de la muerte, tal vez son lo suficientemente porosos para que los muertos tengan la capacidad de saber (sea lo que sea que «saber» signifique para ellos) lo que ocurrió poco después de su muerte. Y nada de ello los sorprende porque en la muerte todo el conocimiento es igual. Todo lo que aprendes ya lo sabías, y todo lo que sabes aún tienes que aprenderlo. Tal vez el pasado tenderá un puente hasta el presente en este objeto único; un puente que unirá dondequiera que esté Russell con dondequiera que esté yo el día en que, dentro de mucho tiempo, podamos encontrarnos a mitad de camino.

La mujer de la blusa con volantes se aclara la garganta. Puedo verle el sujetador.

—¿Hemos terminado? —pregunta, lo cual significa «coge tu joya gratis y lárgate».

—Sí —grazno, dándome la vuelta para marcharme.

—¡Y otra cosa! —grita Dimitri un poco demasiado alto,

como si estuviese en medio de una bronca—. Si alguna vez quieres venderlo, ya sabes dónde encontrarme.

Luego me guiña un ojo y presiona el botón que abre la puerta de salida.

Parte III

NIÑOS DE TODAS LAS EDADES

(Ira)

ACTO 1

SHANGRI-LA

No había distancia entre nuestra vida profesional y personal, y no veíamos de qué manera eso podría convertirse en un problema. La casa de Connecticut se había transformado en un hogar para la juventud literaria descarriada. Los fines de semana brindaban escenas idílicas: el porche lleno de periódicos destripados, ceniceros a rebosar, ristras de barbas de maíz, bandejas con tostadas a medio comer y todos los miembros de nuestro departamento descansando en sofás de mimbre mientras dos huskies se turnaban para clavarnos las pezuñas en los muslos. Durante el día leíamos, nadábamos o hacíamos trampa en deportes sobre hierba. En el estanque, las ranas se pasaban la tarde apareándose. Cuando se hacía de noche, aparecían las hileras de farolillos de papel y yo me ofrecía voluntaria para recuperar artículos olvidados de la casa de la piscina. Me encantaba la vista del camino de vuelta, el chapuzón y el resplandor de las luces. El único engendro que la estropeaba era el granero, un edificio abandonado con agujeros en el techo. Nunca entré en el granero. No puedo evocar su interior.

De 2002 a 2010 vivimos en una obra de teatro de Terrence McNally, pasando por el cercanías Metro-North. Charlábamos hasta bien entrada la noche, con el estómago lleno de comida que había preparado la pareja de Russell: *bruschetta* de tomate, terrinas de verduras, salmón al horno, tarta de queso envuelta por un fuerte de corteza. Fumábamos hierba y escuchábamos a Etta James y veíamos *Los chicos de la banda*. Cotilleábamos, presentándonos infracciones de terceros unos a otros y ponién-

donos del lado deseado. Russell siempre nos hablaba de su sub-
género literario favorito: el viejo Hollywood. *Picture: rodando
con Huston*, de Lillian Ross; *¿Por qué corre Sammy?*, de Budd
Schulberg; *Monster*, de John Gregory Dunne. Anhelaba la época
en que el glamur era glamuroso, los escándalos merecían la pena
y Grace Kelly llevaba perlas hasta para dormir. Cuando los dioses se portaban mal, pero por lo menos eran dioses. Russell me
llevó a ver un documental sobre Scotty Bowers, un veterano de la
Segunda Guerra Mundial, que se convirtió en trabajador sexual
y proxeneta de las estrellas del cine de Los Ángeles que aún no
habían salido del armario. Le gustaban las historias sobre personas que siempre habían estado allí. Yo conocía el material, puesto que había leído las memorias de Bower en la hamaca de Russell y me había quedado dormida detrás de un montículo de
hortensias.

Nos consentía demasiado. Estos hombres nos proporciona-
ban una vía de escape de Nueva York a una edad en la que realmente no la necesitábamos. La decisión de meternos en la piscina después del *jacuzzi* ni siquiera era un bendito problema en
comparación con nuestros problemas reales, porque no teníamos problemas reales. Todavía no. El desplome aún no había
llegado. Nuestros padres aún gozaban de buena salud. Todavía
no habíamos acumulado deuda estudiantil. Nuestros compañeros de piso estaban razonablemente cuerdos. No nos habíamos
herido demasiado unos a otros. La vida en Connecticut era una
muestra de nuestra inevitabilidad colectiva, como si estuviéra-
mos probándonos un futuro sin la sensación de que un día, tal
vez, tendríamos que devolverlo. O, como decía un antiguo compañero, no se trataba del número de años que habíamos pasado
allí, sino de los años que fueron. Incluso cuando una persona
hacía una broma hiriente o rompía un plato o se le mandaba salir de la sala porque se le daban muy mal las cartas o tenía suerte
de que no la echasen por ser imbécil, la alegría era el gemelo do-
minante. Lo absorbía todo.

Nuestros coetáneos pasaban las noches de sábado apiñados bajo techos de alquitrán o amontonados en clubes caros, pero nosotros nos librábamos de eso, despertándonos los domingos por la mañana con las muñecas inmaculadas (sin restos de tinta). Resulta que nunca eres lo suficientemente joven para sentir alivio por no tener que depilarte las piernas. A veces subía a la casa sola, para escribir, para tumbarme en la hierba o para tomar perspectiva cuando estaba, como le gustaba decir a Russell, «de bajón».

Mi habitación era mía incluso cuando estaba lejos de ella. «Hemos comprado una cómoda nueva para tu habitación.» «Hemos encontrado dos mariquitas divirtiéndose en tu almohada.» «Hemos oído un ruido y he dicho: "Creo que viene de la habitación de Sloane".» Las paredes estaban cubiertas de papel pintado color amarillo con flores manchadas. Sobre ellas se habían clavado fotografías panorámicas de eventos en un salón de banquetes, todas ellas compradas por Russell en el mercadillo. La habitación era diminuta, sin ventilación, y era imposible dormir en ella, especialmente con más de una persona. Todos mis invitados masculinos se despertaban en el porche, tras emigrar allí derrotados. Para cuando yo bajaba, Russell ya estaba con ellos, hurgando en sus historias profesionales, poniendo a prueba su valor a través de las letras de Sondheim. Después me diría, con el entusiasmo tranquilo de una madre judía, que un caballero era «una joya» o, con el veredicto devastador de una madre protestante, que era «interesante».

La expresión «casa de campo en Connecticut» tiene connotaciones brillantes: fundas nórdicas impecables, centros de mesa cítricos, sofás de lino sin apolilladuras. La pareja de Russell, que trabajaba desde casa y se inclinaba por los espacios minimalistas, hubiese preferido una confluencia más cercana entre el concepto y la realidad. Sin embargo, la suya era una casa de campo modesta con pintura desconchada y tuberías frágiles, y no había forma de mantener a raya el coleccionismo de Russell. No había

113

forma de detener la afluencia de pastilleros y bandejas, de artilugios que mis manos tenían que colocar del derecho. Esta era la casa olvidada por el limpiacristales Windex. Por la noche me inyectaba Benadryl mientras un ventilador negaba con la cabeza ante mis esfuerzos. Al final encendía la lámpara de la mesita y leía uno de los ejemplares de *Here at The New Yorker* que parecían criar a nuestras espaldas. O me quedaba mirando las fotos de banquetes, deteniendo la mirada en una mujer con un sombrero de plumas. ¿De qué habría estado hablando antes de que le ordenasen que sonriera? ¿Russell también se había fijado en ella? Nunca tuve la oportunidad de preguntárselo.

Russell nunca me dijo que me quería. Les dijo a otras personas que me quería. Supongo que existe la posibilidad de que lo dijera de pasada, una despedida ebria en un tono de seguridad, y me lo perdiese. Pero no lo recuerdo pronunciando esas palabras, ni siquiera de la forma confirmatoria en que lo hacen las personas cuando sus amistades se comportan de una manera que es prototípica de ellos. Russell no toleraba la tristeza, y tampoco toleraba la seriedad.

Cuando le dediqué mi tercer libro de ensayos, esperé para enseñarle las galeradas hasta que estuvimos sentados, uno frente al otro, en un reservado de una cafetería. Así no podría escapar. ¿Qué quería, forzarlo a que me dijera lo que yo ya sabía? ¿Para quién es realmente la dedicatoria de un libro? En la novela *Mujeres excelentes* de Barbara Pym, un personaje decide que una declaración de amor no solicitada debe ser «algo como un gran conejo blanco que han empujado a tus brazos y con el que no sabes que hacer». Si existe una descripción mejor de la reacción de Russell, yo no la conozco. Parecía casi enfadado cuando me dio las gracias, recitando una lista de personas que hubiesen sido mejores candidatas. Aún estaba a tiempo de cambiarla.

—¿Por qué yo?

—Que no se te suban los humos —le aseguré, sonriendo—; solo es un ensayo.

—Pero yo no he hecho nada.

—Lo has hecho todo.

—No me puedo creer que hayas hecho esto.

—Bueno, es que te quiero.

—Eso está muy bien, pero no deberías haberlo hecho.

—De nada —dije, vertiendo leche en mi café para que dejase de humear.

Como si quisiera hacerlo callar.

«Es intolerable que te toleren.» Esta frase es del musical *A Little Night Music*. Alguien debería darle un poco de Gershwin a este hombre.

Habíamos pasado de un lugar en el que yo hacía que Russell se sintiera cómodo, donde trataba de hacerle un torniquete a su autoborrado reflexivo, a uno en el que él me hacía sentir avergonzada. Debería tener amigos más íntimos a estas alturas. O más literarios. Podía sentirlo: yo ya llevaba el tiempo suficiente siendo autora y solo autora. Mis pensamientos no deberían estar con quienes trabajan entre bambalinas, con las bestias de carga y los altruistas. No había lugar para mí en la fábrica. «Fuera, ¡lárgate!» Metió las galeradas en su bandolera.

Al parecer, a la mañana siguiente se paseó por la oficina enseñándoselas a todas las personas que entraban. Abría rápidamente la cubierta, sonriendo, antes de devolverla a su hogar permanente, debajo de la nota sobre la mujer a quien una vez había llamado «aburrida». La señalaría de la misma manera. Como una prueba. «Habla con la dedicatoria.»

Cuando le regalé el libro, a principios de 2018, hacía casi una década que no me invitaban a la casa. No solo no me habían invitado, sino que se me habían terminado las maneras de autoinvitarme. Al principio me dijeron que podía ir siempre que quisiera. Mi habitación seguía siendo mía. Sin embargo, cuando escogía fines de semana nunca eran los adecuados. Estaban reformando la cocina, lijando los suelos, la piscina estaba llena de virutas de espuma. O su marido «estaba raro» con los invitados. Una vez estaban derribando el gallinero, un dato que se me presentó como si estuviese durmiendo allí. Si entonces entendí poco sobre por qué estaba sucediendo aquello, ahora lo entiendo incluso menos.

Lo que sí sé: en el verano de 2005, nuestra burbuja bucólica empezó a disolverse a causa de algún tipo de asunto que ocurrió entre uno de nosotros y la pareja de Russell. No sé si el asunto fue físico siquiera, pero sin duda yo presencié su mitad emocional. Cuando el marido de Russell cumplió 50 años, un amigo nuestro le regaló un diario en blanco que hizo circular como si fuese un anuario. Nuestro amigo rellenó tres páginas con pequeñas bromas privadas en cursiva en los márgenes. Yo ocupé media página. Russell escribió: «¡Feliz cumpleaños!».

Nuestro amigo era un chico sureño encantador que parecía un boceto de Rob Lowe. El marido de Russell era un hombre amable e introspectivo con una historia familiar complicada. También había vivido en San Diego y en Los Ángeles en los años ochenta, donde había visto a la mitad de sus amigos morir de sida. El trauma se había convertido en su lenguaje del amor. Le gustaba encontrar las heridas de la gente, cavar en ellas, acercarlas a la luz y examinarlas con la clase de consideración prudente que Russell aplicaba a mi anillo de cúpula. Las debilidades que corrían peligro de ser aplastadas por Russell tenían más posibilidades de ser acunadas por su pareja. Siempre que llevaba invitados a la casa, les hacía una advertencia rápida cuando llegábamos a la estación de tren o al camino de entrada: «Por cierto, no sobrevivirás a este fin de semana sin llorar por tu madre. ¿Entramos?».

En retrospectiva, pienso que había un trasfondo de proxenetismo en esta etapa, en el hecho de que Russell llevase allí a tantos de nosotros y tan a menudo. Fomentaba de manera temeraria la clase de retiro corporativo desestructurado que nunca podría ocurrir ahora (tengo recuerdos de arbitrar peleas sin reglas con flotadores de espuma en la piscina, de Russell abriendo de un golpe la puerta de mi habitación al amanecer, exigiendo saber por qué no me había vestido todavía). Era patológicamente sociable y corrosivamente generoso (que Dios te ayudase si descubría que habías pasado allí tres días sin pedir una toalla nueva), pero también quería crear un grupo. Solo que funcionó un poco demasiado bien.

Hubo muchos coqueteos ante mis narices mientras yo estaba demasiado ocupada reflexionando sobre damas con sombreros de plumas. Nuestro joven amigo se volvió posesivo con el marido de Russell, reafirmando su cercanía. Teníamos que entender que había una conexión. Parecía ungido por las atenciones de alguien de la auténtica generación perdida de Estados Unidos, y le ofreció un suministro eterno de interés a cambio. Solo que no fue del todo eterno. Russell solo me contó que aquella aventura estuvo a punto de destrozar su matrimonio, no porque se sintiese traicionado (Russell tenía sus propias actividades extramatrimoniales; estamos hablando de alguien que nunca entendió por qué tenía que irse del mercadillo con un juguete para perros cuando podía llevarse veinte), sino porque nuestro amigo había «tergiversado groseramente» su propia imagen. Cuando las cosas se pusieron feas, desapareció, y apareció de nuevo solo para «perseguir de forma agresiva» la amistad de otras parejas homosexuales que había conocido gracias a ellos. Era con el mismísimo diablo con quien estábamos tratando, y yo nunca iba a volver a pronunciar el nombre de esa persona. Russell había invitado a un zorro a entrar al gallinero. Irradiaba culpa.

Y era famoso por ocuparse de sus rencores como si fuesen bebés en la UCI.

Ahora estoy destinada a hacer una valoración parcial de los acontecimientos, porque no estaba plenamente involucrada ni tampoco plenamente informada entonces. Sin embargo, puedo decir sin titubear que el mismísimo diablo no es un asistente de publicidad de libros de veinticinco años. Probablemente. La valoración más generosa que puedo hacer es que nuestro amigo no tenía la capacidad suficiente para mantener una correspondencia de larga distancia con el marido de otra persona, y una vez que consiguió lo que quería, un adoctrinamiento en una parte esquiva de su propia historia, no salió con elegancia. Pero ¿quién sabe? Éramos unos críos. El tío pudo o no haber frecuentado una tienda de ropa de hombre llamada Wear Me Out, lo cual tiene un triple, si no un cuádruple, sentido.

Mientras tanto, el marido de Russell, que también es enfermero certificado en la UCI del rencor, hizo la única cosa que todo el mundo quiere hacer después de una ruptura, pero pocas personas llegan a hacer: quemar las pruebas. A los supervivientes del desamor les resultará familiar esta fantasía de la inexistencia. La inexistencia no es venganza. Simplemente quieres que la parte infractora desaparezca, para que tus amigos nunca se la encuentren o la mencionen, para que su vecindario sea borrado del mapa. Como la pareja de Russell había llegado a la ciudad de manera voluntaria, tuvo la opción de hacerlo. Ocurrió poco a poco y todos tardamos un tiempo en darnos cuenta, en hacer otros planes para el verano. Sin embargo, Russell no podía esquivarme para siempre. Al final terminó admitiendo que, en realidad, nadie podía subir a la casa. Ya no. Nadie que tuviese un vínculo con lo que había ocurrido.

No hay un contratiempo más nimio que el hecho de que te priven de una casa de campo. Ese no era el problema. El problema era que, una vez que esta política se volvió de rigor, se expandió. Al principio solo dejaban subir a la casa a los amigos cuyos hijos querían bañarse en la piscina. Luego solo a los amigos de toda la vida. Luego solo a los familiares de sangre. Luego, por lo menos según Russell, solo un par de veces cada verano. Ahora los únicos vídeos que Russell publicaba eran de los perros refrescándose en la piscina, con los rabos a flote. Ahora se suponía que el gallinero se estaba rehaciendo de verdad, pero

¿quién, aparte de los residentes, estaba allí para verlo? Puede que Russell fuese el responsable de que el sitio pareciese Grey Gardens,[1] pero no fue él quien organizó la recreación.

Por lo menos esta es la versión de la historia que nos dieron. La versión que me dieron a mí. Sin embargo, todas las historias tienen más de una entrada. La idea de que Russell, la personalidad más abierta que jamás haya honrado las calles del condado de Litchfield, no pudiese ignorar lo que estaba pasando si realmente quería, que permitiese que le cortasen su oxígeno social, es algo inverosímil. Sin embargo, fuese por lo que fuese, aquellos últimos años ninguno de nosotros cruzó aquellas puertas.

Ni siquiera Brooke.

En la época en la que nos expulsaron, Russell y su marido se hicieron muy amigos de Brooke Hayward, que vivía cerca. Famosa actriz y dama de las artes escénicas de Los Ángeles en los años sesenta, así como exmujer de Dennis Hopper, Brooke atraía a Russell como un imán. No podría compartir ni un solo detalle biográfico sobre Brooke que no fuese un gran eufemismo. Era auténtica realeza de Hollywood aparcando en el Stop & Shop. Y «adoraba» a Russell. Él incluso convenció a Vintage para que reeditase sus memorias de 1977, *Haywire*. Esta no era la ruta habitual para publicar («querido señor o señora, mi vecina una vez tuvo una cita con Warren Beatty, ¿qué vamos a hacer al respecto?»), pero el argumento de Russell era sólido y era él quien lo iba a hacer posible. *Haywire* había estado en el primer puesto de los *bestsellers* de *The New York Times* y ahora era una mirada a la edad de oro del cine que casi había caído en el olvido. Y, al

---

1. Nombre de la mansión de un documental del mismo nombre, propiedad de los tíos de Jackie Kennedy, en la que vivieron recluidas durante décadas Edith (la tía de Jackie Kennedy) y su hija (también Edith), abandonadas por el marido de la primera, prácticamente en la pobreza. El documental muestra el estado deplorable de la mansión, completamente destrozada y llena de basura y orín de sus trescientos gatos. [*N. de la T.*]

igual que *Edie*, trataba de una vida muy refinada que terminó muy mal.

Brooke siempre le regalaba a Russell artículos de su casa: manteles, cascanueces, boles, candelabros. Una coctelera oxidada. Ella soltaba el pasado, él lo coleccionaba: formaban una combinación perfecta. Leí *Haywire* con una punzada ridícula de celos hacia esta mujer de 80 años con quien Russell estaba tan embelesado. No podía competir con los relatos de primera mano de unos jóvenes Jane Fonda, Jimmy Stewart, Greta Garbo o Slim Keith, con quien el padre de Brooke se había casado después de divorciarse de su madre. Sospecho que Brooke, aunque solo fuera consciente de mi existencia a medias, lo sabía. La única vez que estuve en su casa me ofreció una rana de arcilla desconchada dentro de una caja de Goodwill[2] cuando me iba.

Brooke se convirtió en la única fuente de vida social de Russell y su marido fuera de la ciudad. Estoy agradecida por ello. Sin embargo, también me pregunto si el fantasma del suicidio los unió sin que ninguno de los dos lo supiera. Los dos hermanos de Brooke se suicidaron: su hermana, con pastillas; su hermano, con una pistola. Su madre murió por sobredosis de barbitúricos después de sufrir depresión durante mucho tiempo. Russell sabía lo que Brooke había visto. Tal vez ella sabía, sin saberlo, lo que Russell quería ver. Tal vez reconoció algo indescifrable y a la vez familiar en él. En cierto modo, ¿no lo hicimos todos?

Todo ese embellecimiento del pasado parecía parte de nuestro cielo arcádico. Por más que hablásemos de la forma en que habla la gente cuando solo quiere comerse la mitad de una tarta de arándanos y dormir la siesta, aquellos fines de semana eran clases encubiertas de arte, literatura y cine. ¿Cuáles eran los elementos imitativos de la novela o la película en cuestión? ¿Quién lo había

---

2. Red de tiendas de segunda mano de Estados Unidos que proporcionan trabajo a personas vulnerables. *[N. de la T.]*

hecho mejor o con más sinceridad en el pasado? «Las películas de Hollywood simplemente terminaban y no tenías por qué saberlo todo.» ¿Éramos esnobs? Me he preguntado muchas veces si Russell había empezado a pensar que era demasiado bueno para todo, incluso para sí mismo. Quizá sus criterios de valor habían crecido tanto que él mismo se había borrado de la lista. Sin embargo, parece imposible que él, que venía de tan poco, y yo, que había tenido que poner a Lorrie Moore en espera siempre que llamaba porque habría mantenido más la compostura con el conejo de Pascua, pudiésemos ser verdaderos esnobs.

La fascinación de Russell por los muertos era evidente. Al supervisar las campañas de publicidad de los libros de bolsillo, se encargaba de resucitar leones literarios, de mantenerlos vivos en la prensa. Era el anticuario del mundo del libro. Al menos hablaba como si lo fuera. Le gustaba decir cómo uno debería estar del lado de lo antiguo, porque si no, la gente se olvida con demasiada facilidad; de cómo los muertos, precisamente porque están muertos, son más perfectos. Nadie se sorprende ante el nihilismo cuando se disfraza de buen gusto. Solo ahora que Russell ya no está puedo ver lo nocivas que son estas obsesiones para una persona que hace que los muertos estén más vivos que los vivos, una persona en serio peligro de unirse a sus filas. Solo ahora puedo ver las manchas oscuras a la luz del sol; el árbol enfermo pudriéndose en el estanque, la zarigüeya hinchada flotando en la piscina, las linternas que parpadearon y dejaron de dar luz.

Russell y su marido salieron a cenar con Brooke la noche del 27 de julio de 2019. Era su ritual del sábado lejos de una casa que se había vuelto incómoda en más de un sentido. Luego Brooke se fue a casa. Después, ellos también se fueron a casa.

Y luego solo dos de ellos se levantaron a la mañana siguiente.

Hoy en día, cuando Russell se me aparece en sueños, siempre lo estamos pasando bien. Nos doblamos de la risa, empapando los cojines con nuestros bañadores mojados. En otros me levanta de la hamaca y me tira a la piscina. Otras veces estamos en la ciudad, bebiendo *whisky* en el Midtown antes de ir a la ópera para ver cómo se elevan las lámparas de araña. Él señala hacia arriba. «Esa parece el anillo de tu abuela, ¿no crees?» Reprime una risilla mientras las luces de la sala se atenúan. Tenía una de esas risas en las que realmente puedes distinguir los «¡ja!». De la misma manera, cuando puedo dormir me imagino en aquella habitación sofocante de Connecticut en la que nunca perdí la conciencia durante más de una hora seguida. Solo pensar en ella me deja inconsciente. El hechizo de los lugares que sabes que nunca volverás a ver es poderoso.

ACTO 2

PURGATORIO

En *Goodbye to All That*, Joan Didion escribe: «Es fácil ver los inicios de las cosas; ver los finales es más difícil». Esto también puede aplicarse a nuestra vida personal. Recuerdo todos los detalles de mi primer fin de semana en Connecticut, pero no los del último, porque no sabía que sería el último. Sin embargo, cuando me planteo cómo se desmoronó la felicidad profesional de Russell, cuándo empezó a volverse ira, tampoco tengo claro que pueda verlo. Tal vez esto se deba a que donde yo empecé no es el inicio. La generación posterior a la mía tiene nostalgia de una comodidad institucional que yo apenas puedo concebir, la cual, a pesar de todos sus defectos sistémicos, estaba a salvo de las ruinosas interferencias de la tecnología. Yo fui testigo de su final, antes de que la batalla campal entre robots y dinosaurios comenzase de verdad. Me imagino que todos los sectores son así. Quizá la gente que vino detrás de ti tuvo mejores condiciones, o quizá las tuvo peores, pero siempre parece que sabían lo que estaba ocurriendo.

Por eso soy escéptica con las historias de Nueva York, en general. Como lectora, el desfile de sustantivos adecuados es encantador, como oír tu nombre en una canción. Sin embargo, es una iniciativa tambaleante que se basa en la suposición de que merece la pena contar tu historia en virtud del lugar donde ocurrió. Todos esos bares y esquinas («vivíamos en Delancey cuando...») están tan sujetos a alejar a los lectores como a invitarlos a entrar. La única razón por la que no lo hacen es que el autor ha usado la ciudad para hacer que historias corrientes parezcan desenfrenadas. Sin embargo, hay una constante que admiro en las narraciones de otras personas sobre Nueva York, y es la seguridad con que identifican el cambio. Siempre hay un momento en que la vida pasó de ser sólida a ser líquida: un día se necesitaban fichas para el metro; al día siguiente, no. Un día las torres estaban allí; al día siguiente ya no. Un día se apagaron las luces y los ríos se desbordaron.

Un principio impecable de nuestra vida profesional sería el día en que Russell me entrevistó. «Pelo largo castaño. Anillo cuadrado.» Pero quizá nuestra historia comienza más atrás, antes de que yo entre en ella, cuando Russell tenía veintitantos y le aseguró a una monja católica, que había sido la consejera espiritual de dos hombres condenados a muerte, que no descansaría hasta que el mundo entero hubiese leído sus memorias. No, demasiado lejos. Tal vez comienza antes de que «él» esté en ella. La noche antes de empezar en Vintage fui a una fiesta en Red Hook, en la que los anfitriones habían llenado la bañera de cerveza. No había botellas. La cerveza manaba de un barril roto. Pusieron una tapa de comida para perro sobre el desagüe para sellarlo mejor. Cogí un ejemplar de *A sangre fría* del salón con el logotipo de mi futura empresa en el lomo. Me dijeron que me llevase el libro a casa. Pero ¿cómo llegué a casa? No había taxis. No hubiese cogido el metro en ese momento de la noche o de la década.

A veces pienso que sigo allí.

Esta es la razón por la que las historias de Nueva York hacen esas descripciones tan agudas. No tratan de engrandecer el pasado, de sentirse superiores al resto del país; tratan de clavarlo a la pared antes de que se desintegre. «¿Ves esto? Esto era Disco.» En este caso, me correspondería escoger. Tan solo tengo que escoger un día en que las luces se apagaron y empezaron las crecidas. Así que allá va.

El 8 de enero de 2006 entré en la oficina y no me quité el abrigo hasta el mediodía. El teléfono, generalmente un aparato unidireccional en una oficina de publicidad de una editorial, estaba iluminado como una centralita. En nuestros monitores había un texto de dieciocho mil palabras publicado en una web llamada The Smoking Gun, titulado «A Million Little Lies» [«Un millón de pequeñas mentiras»].

Técnicamente, el problema había comenzado un año antes, cuando Oprah seleccionó *A Million Little Pieces (En mil pedazos)* para su club de lectura. Su autor, James Frey, fue su primera elección contemporánea después de años de Faulkner y Tolstói, y *The New York Times* nos había prometido un artículo. Esto en sí mismo era todo un logro para un libro que ya se había publicado en tapa dura. El día que se conoció la noticia, abrí rápidamente la puerta de casa, arranqué la sección de arte y desfilé hacia el trabajo, furiosa. Por más veces que pasara las páginas, no encontraba la historia. Llamé a Russell enfurecida, pero, al dejar atrás la escalera de entrada de mi barrio, lo vi: no encontraba la historia en la sección de arte porque estaba en la portada de *The New York Times*.

—Da igual —dije, y colgué.

Ni siquiera nosotros, que teníamos un trabajo con el que apuntábamos alto y a veces acertábamos, podíamos haber anticipado algo así. El periódico mostraba una fotografía de Oprah y James sobre el escenario en Chicago. Yo estoy entre el público. No recuerdo mucho de ese viaje aparte de la aparición de la maquilladora durante una pausa publicitaria para darle un toque de corrector a la pierna de Oprah. Después fuimos a un restaurante italiano para celebrarlo. Estábamos emocionados. La emoción es difícil de recordar.

Nada más regresar a Nueva York se nos vino encima la presión para conseguir más publicidad para el libro. Sí, está en el número uno de todas las listas conocidas por la humanidad, pero ¿cómo encontramos nuevas formas de hacer que llegue a todos los estadounidenses? En circunstancias normales, este era el tipo de reto por el que Russell se desvivía. Era el publicista más creativo que conozco. Su especialidad era encontrar todas las migajas de atención que quedasen después de una publicación en tapa dura, o asegurar una cobertura llamativa para libros que había que desempolvar. Sin embargo, el título en cuestión apenas había salido de la oscuridad. Replicó a la televisión mientras Oprah explicaba cómo había llegado el libro a sus manos: «¿Podría ser uno de los diez ejemplares que recibimos por FedEx? ¡Es un misterio!».

La selección también coincidió con un tsunami de despidos en medios de comunicación, por no mencionar la fundación de Twitter. Vimos con temor cómo nuestros homólogos del periodismo desaparecieron de sus cabeceras y luego, con resignación, cómo las mismas cabeceras desaparecieron. Russell se encontró en una situación en la que todos los días intentaba colar pelotas del mismo tamaño en porterías cada vez más estrechas; una muestra de un futuro dedicado a apaciguar *influencers* que pronto estarían reseñando velas perfumadas. Este libro se convirtió en un referente interno: si no podíamos mantener esta fuerza de la naturaleza, entonces, ¿qué? Admirábamos a los productores de Oprah, a quienes considerábamos más capacitados que nosotros por su acceso al poder, pero se nos estaba acabando la paciencia. Mientras estábamos inmersos en otra reunión telefónica, discutiendo cuánta más atención se podría exprimir del universo sin tener que fundar toda una cadena de noticias, interrumpí:

—Chicos, el programa *Today* no quiere vuestros segundos de sobra.

Como regla general, cuando alguien está hablando siempre se le debería notificar a esa persona si Oprah está en la sala.

—Estás despedida —articuló Russell.

—*Tú* estás despedido —articulé de vuelta.

Al final ideamos un plan tan simple, tan nacido de la frustración, que era elegante: *En mil pedazos* fue la primera incursión de Oprah en el machismo activo, en la «literatura de tíos». *The*

New York Times aceptó nuestra oferta para otra entrevista. Sin embargo, para entonces un terapeuta del famoso centro de rehabilitación Hazelden había empezado a cuestionar la veracidad de la historia. Advertí a James de que no debería contrariar al reportero. Divertido por mi preocupación, me llamó después para decirme lo orgullosa que iba a estar de él: solo le había pedido al tipo que apagase la grabadora dos veces.

No recuerdo haber pensado bien ni mal de James en aquel momento. Solo que era un cambio de aires agradable supervisar una publicación con más atractivo que una colección de relatos cortos islandeses (aunque para gustos, los colores). Yo era joven y, aunque James no me encantaba, era lo suficientemente ambiciosa para sentir la emoción de formar parte de algo «importante». Russell era distinto. A los editores de libros se les atribuye el mérito de ser psicólogos aficionados, pero un gran publicista de libros hará lo mismo por una decena de personalidades a la vez, dando testimonio al mismo tiempo de lo que un editor nunca ve: la peor versión de esas personas. Cuando se termina el arte, solo queda el ego. Russell prosperó en este mundillo de niños amargados y genios problemáticos. Lo atraían los desamparados. Él nunca lo describiría en términos tan sentimentales, pero entendía que la verdadera literatura, como el amor, surge del deseo de ser reconocido.

No tiene mucho sentido que le escriba a Russell una recomendación laboral a estas alturas. Pero cuando digo que era un publicista editorial con un talento único, me refiero a que era capaz de convencer a una publicación que aún se estaba planteando si mencionar un libro para que organizase una serie de lecturas basadas en él. Me refiero a que veía que se acercaba el cincuenta aniversario de *Todo se desmorona* y un mes después estaba escoltando a Chimamanda Ngozi Adichie, Edwidge Danticat, Toni Morrison y al mismo Chinua Achebe por el escenario del Town Hall. Me refiero a que podías desafiarlo, señalar un libro desconocido y te saldría con una descripción tan seductora que querrías saltarte el trabajo para leerlo. Pero era mucho más que eso. Su nervio se extendía por los pasillos. Cuando un autor ganaba un premio era como si Russell pudiese sentir toda su infancia, sus amores no correspondidos, su hogar disfuncional, los acosadores que se subían en el autobús escolar con este futuro titán de las letras. Si Russell hubiese estado allí, lo habría sabido. Habría reconocido lo extraordinario. La verdad tácita de nuestra profesión era que ejercíamos o canalizábamos nuestras personalidades en nombre de personas a quienes teníamos en alta estima. A cambio, el trabajo nos protegía —lo protegía— de ser una persona corriente. Incluso si no le gustaba un autor, disfrutaba de la oportunidad de enfrentarse a un adversario digno. El modelo de «villano» de Russell procedía de *Al este del Edén*, de *Don Quijote de la Mancha*, de *Eva al desnudo*.

Sin embargo, James nunca fue esa clase de villano. Le faltaba ingenio. Me recordaba una cita de Oscar Wilde que uno de mis compañeros de universidad se tatuó en el antebrazo: «Si quiero leer algo bueno, lo escribiré yo».

Russell se negó a aceptar las fanfarronadas como mecanismo de defensa, y menos de un macho que reivindicaba méritos artísticos por su camino hacia la recuperación. Se había pasado la vida en estado de alerta máxima con las figuras cercanas al machismo. Era un chico de «la nada junto al mar» que había aterrizado en una editorial poco común, en la que disfrutaba de la jerarquía. Le encantaba el halo de templo sagrado que tenía. Estaba obsesionado, por ejemplo, con el lugar donde había estudiado su equipo. Si te habías licenciado en Yale, pero habías hecho algo estúpido: «Parece que ahora dejan entrar a cualquiera». Si te habías licenciado en Shawnee State y hacías lo mismo: «Bueno, era de esperar». O, sin venir a cuento: «Tengo que dejar de contratar a gente de California». En realidad no le importaban tus antecedentes. ¿Quién era él para juzgar? Lo que estaba intentando decirte era que recordaba hasta el último detalle sobre ti. Merecía la pena conocerte porque tú también te habías refugiado en el templo.

Lamentablemente, incluso cuando James intentaba no morder la mano que le daba de comer, él la mordía. Venía de una industria en la que los clientes pagan directamente a los publicistas, por lo que adquirió la costumbre de tratarnos como perros de pelea contratados («les dije que mi publicista los llamaría»). «Buen trabajo» no es una frase intrínsecamente obscena, pero se traduce como un intento de establecer poder sobre personas que no asumirán consecuencias inmediatas de su éxito o su fracaso. Es difícil estimar una cantidad, pero un publicista tiene que producir o aniquilar cinco libros seguidos antes de que lo asciendan o lo despidan. A Russell, sobre todo, le molestaba tener que poner toda su energía en un solo autor, que, casualmente, se estaba apoderando de la poca cobertura del libro que quedaba, uno que cada vez que se presentaba ante el mundo se ponía en contra de los valores de Russell. Irónicamente, puede que fuese la única persona en el mundo editorial que no tenía ningún deseo de hacer que James revisara su manuscrito con un subrayador. No necesitaba escuchar las confesiones de una persona en la que no confiaba.

Por supuesto, hubo otros incidentes y accidentes a lo largo del camino (mucho más cerca del final del camino) que llevaron a la ruina profesional de Russell, a su desilusión con la vida en la oficina, a su peligrosa incapacidad para maniobrar en el futuro. Si quiero identificar la ira con todas mis fuerzas, solo tengo que imaginármelo sobre mi hombro, viéndome dedicar tantas palabras a James. Pero fue entonces cuando empezó la amargura. Por lo menos, ese fue el momento en que estuve lo suficientemente cerca para ver todos los detalles.

La noche antes de las vacaciones de Navidad, todo el mundo se había ido a casa excepto Russell, a quien podía oír tecleando con furia al final del pasillo. No solo estaba estresado en el trabajo; estaba inquieto desde los acontecimientos del verano. Algo en su interior había empezado a cambiar. Algunos editores de libros legendarios estaban empezando a sacarlo de quicio. Las llamadas de los agentes preguntándose por qué no había más medios de comunicación para sus clientes se estaban volviendo inusualmente escuetas. Cuando un autor borraba accidentalmente su calendario de gira, Russell se enfadaba tanto que había que convencerlo para que se lo reenviara. La idea de que nuestra función era «proteger» a esas personas se estaba esfumando. Un número demasiado grande de ellas eran tediosos pozos de ingratitud.

En mi mesa de trabajo había un sobre de papel Manila con los informes médicos de James en su interior. Necesitábamos ver lo que el *Star Tribune* de Minneapolis había visto. Ellos fueron los primeros en plantear públicamente la idea de que este tipo podría ser algo más que casualmente deshonesto. La carpeta contenía radiografías del conducto radicular que James describía en el libro, por cuya intervención afirmaba no haber recibido anestesia. Estaba mirando las páginas cuando James me llamó. ¿Lo veía? Ahora todo el mundo vería que estaba diciendo la verdad.

—Algunas personas —dije, moviendo la pestaña metálica del sobre— podrían decir que nadie está cuestionando que te hicieran una intervención dental.

—¿Y qué están cuestionando?

—No hay ninguna nota diciendo que rechazaste la anestesia.

—Probablemente tampoco hay ninguna nota sobre la ropa que llevaba.

Respaldado por un argumento sólido, decidió que le tocaba a él hacer las preguntas. Quería saber si alguna vez había consumido cocaína. Le dije que sí, pero que, si hiciéramos un concurso, probablemente yo no ganaría. Bueno, entonces podría imaginarme cómo la novocaína imita la sensación de la cocaína en las encías. Me quedé mirando mi reflejo en la ventana de la oficina, bien definido en la oscura brecha del río Hudson. Había tenido amigos en rehabilitación (por drogas, por alcohol, por comer demasiado poco, por practicar demasiado sexo...), pero ninguno a quien le hubiesen hecho agujeros en los dientes al mismo tiempo. Después de colgar busqué en Google «cirugía dental» y «rehabilitación», y solo encontré consejos para recuperarse de una cirugía dental.

Entré en el despacho de Russell mordiéndome el pelo.

—Me parece que podríamos tener un problema.

—¿Qué ha hecho ahora?

—No lo sé.

—Bueno, sea lo que sea, él mismo se ha hecho su propia cama.

—Cierto. Pero creo que existe la posibilidad de que tengamos que tumbarnos en ella.

Dejó de teclear y me señaló con el dedo.

—Déjame decirte una cosa: no voy a hacer una cama redonda con James Frey.

A pesar de todas las inconsistencias narrativas («la mentira de esta historia», como la llamaría después Oprah, empleando un tono que se reserva más comúnmente para asesinos en serie) desenterradas por el *Smoking Gun* (la principal era el hecho de que James había estado en la cárcel dos horas, no ochenta y siete días), esta parte sobre las propiedades activadoras de la recaída de la novocaína nunca volvió a surgir, lo cual era una pena, porque yo sí quería saber lo que era cierto y lo que no. Porque el problema de la cita de Oscar Wilde es que, sin duda, suena bien, pero realmente nunca lo dijo.

Once meses antes de la muerte de Russell me encontré a James en el vestíbulo de un hotel, en el centro de Los Ángeles. Nos estábamos registrando al mismo tiempo y decidimos ir a tomar una copa (un refresco para él). Después de todo, estábamos unidos por una experiencia única.

Cuando publiqué mi primer libro, en 2008, me dijeron que necesitaba un descargo de responsabilidad, «ya sabes, por todo el asunto de James Frey». Sí, lo sabía. ¿Quién, salvo unas pocas personas, podía entender lo que había pasado realmente? Desde luego no nuestros compañeros publicistas de libros, que se reunieron en sus respectivas salas de juntas con boles de palomitas, esperando a que Oprah regañara a James. Tampoco el resto de nuestros autores, cuyos libros se vieron relegados a la sombra por un circo. Una vez, en una fiesta, nos presentaron a Russell y a mí al publicista de JT LeRoy. Estábamos emocionados con la perspectiva de «esa» conversación, pero JT LeRoy fue un engaño, no un escándalo. Un paciente con un paro cardiaco y otro con un tumor cerebral podrían compartir unas secuelas psicológicas parecidas, pero no sirve de nada intercambiar impresiones más allá de eso.

Durante todos los años que Russell y yo pasamos deseando que nuestros autores corriesen desnudos por un parque público o cometiesen un delito menor, «desviar» la atención no formaba parte del paquete de bienvenida. Hubo un momento en que pedí consejo a un amigo que era el publicista de Kid Rock. Esto equivalía a un «sin comentarios». Enfadado como estaba Russell con James por provocarle el dolor de cabeza del siglo, por ponerlo en la posición de tener que defender el personaje de un autor, nadie podía precisar el delito oficial de aquel hombre. ¿Engaño en primer grado? Pero sí sabíamos lo siguiente: nunca habíamos tenido que llevar a Martin Amis a *Larry King Live* para defender la «verdad emocional» de su trabajo.

James estaba relajado y afable, sentado en el bar del hotel, como si el mundo fuera su puf para siempre. Como Russell, cogió lo que necesitaba del aura del viejo mundo editorial y se reafirmó con ello. Al contrario que Russell, parecía capaz de decirse a sí mismo que el exilio era un escenario incluso mejor. Estar exiliado es que te piensen dos veces. Nosotros podíamos rasgarnos las vestiduras todo lo que quisiéramos, pero él se había salido del molde. Por ende, siempre me había mirado con una mezcla de simpatía y sospecha, ambas tan representativas de un régimen opresivo como de un miembro de una secta que casi había sido desprogramado, aunque no del todo. Teníamos una versión específica de la amistad. Una en la que yo reconocía el hecho de que él era tanto el objetivo de una caza de brujas como una bruja, y en la que él sentía que había sido el blanco de las críticas de un momento determinado, mientras que a mí me parecía que se le había concedido un indulto. Si el escándalo hubiese ocurrido ahora, lo habrían atacado por cuestiones raciales y de clase que, en ese momento, permanecieron calladas.

Antes de subir al escenario de Oprah en esa fatídica segunda aparición, ella le había advertido que sería «dura», pero que habría «redención». Esta no es una palabra laica. Dice mucho de cómo cada uno se ve a sí mismo. A pesar de todo, la redención nunca llegó. Russell me llamó desde el *backstage*, furioso: «¡Han intentado ponerme un micrófono! ¡Como si yo tuviera algo que ver con esto!».

Escuché el programa antes de verlo. Una productora accedió a no colgar su teléfono para que yo pudiera escucharlo en vivo. Oprah leyó mi comunicado de prensa, encarándose a la editora del libro, Nan Talese: ¿cómo podía haber usado un lenguaje tan efusivo para describir este montón de mentiras? Nan Talese es toda una institución en el mundo editorial. Entre sus autores están Margaret Atwood, Pat Conroy e Ian McEwan. Tiene un sello editorial con su nombre, un acento melódico del Atlántico medio y una vertiginosa cantidad de broches con muy buen gusto. También es la mitad del matrimonio literario más público de la historia moderna. Si yo hubiese entrado en la oficina de Nan Talese para obtener su aprobación para un comunicado de prensa, me hubiese acompañado amablemente hasta la puerta.

Para nosotros, la experiencia puso de manifiesto lo poco que la gente sabía del mundo editorial o lo poco que les importaba, y ya sospechábamos que era muy poco. Quizá esto parezca una conclusión intrascendente del peor fiasco literario del siglo, pero la intrascendencia era nuestro maná. No teníamos ninguna de las ventajas de las industrias más llamativas, pero de repente teníamos toda la culpabilidad. Lo que sí tiene el sector editorial, a cambio de unidades vendidas, es la presunción de buena fe. No hay derechos de autor divididos en diecinueve partes ni plátanos pegados con cinta americana en la pared de una galería. Es irritante que esa presunción se sustituya por una teoría conspirativa. O, peor aún, para poder explicar la imposibilidad de una conspiración tienes que admitir tu propia ineficacia. Permitir que te empujen al teatro de la moralidad de otra persona.

Recuerdo que no quería irme de mi despacho cuando terminó el programa. Tres horas después, veinte millones de espectadores verían lo que yo acababa de oír. Le mandé un mensaje a Russell.

¿Cómo está?

Está llamando a gente y diciéndoles que lo han destripado totalmente.

¿Cómo estás tú?

Odio a todo el mundo.

Luego Russell y yo abrimos las cartas. Muchas cartas. Aún estaban recientes los sustos del ántrax de la primera década de los 2000 y algunos de los sobres contenían polvo blanco, que al final resultó ser talco para bebés. Pero aún puedo ver a Russell pasar corriendo por delante de mi despacho cogiendo un sobre a distancia. Le enviaron un diente ensangrentado que recogió con un pañuelo de papel y dejó caer sobre mi mesa de trabajo como una peonza, preguntándome si creía que era real. «Hay algunas preguntas en la vida cuya mención es su propia ruina.» Recibí una copia deformada de la versión de bolsillo, acompañada por una nota explicando que habían meado encima del libro que tenía en las manos durante el mismo número de días que James afirmaba que había estado en la cárcel. La nota estaba escrita en una receta farmacéutica. Busqué qué era. Una medicación antipsicótica.

James explicó después a *The Guardian* que, de las miles de cartas que le habían enviado, solo cincuenta habían sido mensajes de odio. Estoy segura de que era cierto.

¿Qué ocurre cuando llamas mentiroso a alguien que, por la razón que sea, puede que no crea que está mintiendo? La vergüenza tiene el efecto contrario en una persona así. Uno debe asegurarse de que sacrifica a una auténtica virgen si no quiere tener al demonio en las manos. James estuvo llamando a la oficina durante semanas para ver si la gente seguía hablando de él. ¿Quién podría culparlo? La revista *Us Weekly* acababa de dedicar una doble página a su maldad. Russell sostenía que ninguna de ellas le molestaba. Dios es capitalista y encaja la salvación en cheques por derechos de autor.

En 2011, Oprah invitó a James al programa una última vez, para uno de sus últimos episodios. El escándalo había sido un asunto importante, incluso para los estándares de Oprah. Había pedido disculpas por su falta de compasión cinco años antes. James, mientras tanto, había encargado un cuadro al artista Ed Ruscha en el que se leía LAPIDACIÓN PÚBLICA. Russell se negó a ver el programa, de modo que le hablé del cuadro, de que Oprah le había preguntado qué significaba. James había dicho que era un recordatorio de aquella experiencia que lo había puesto a prueba, pero que no era una víctima. Russell resopló.

—Tendría que haberle preguntado qué hacía ese cuadro colgado en el salón.

Russell y yo trabajamos juntos otros cinco años, durante los cuales los teléfonos sonaron a un ritmo esporádico y la debacle se desvaneció en nuestro espejo retrovisor. Él seguía entusiasmándose mucho con los libros y nos recibía con datos que había seleccionado de ellos: «¿Sabíais que la oveja Dolly se llamaba así por Dolly Parton?». «¿Sabíais que los niños de hoy en día tienen mejor destreza con el pulgar que nosotros?» Seguía riéndose hasta que parecía que alguien le había pegado una pajarita a un globo. Sin embargo, estaba más susceptible ahora que había visto con qué facilidad podía recaer en él la culpa y que, si aparecía otro James reclamando su atención, su trabajo sería dársela. Todos esos años que pasó apoyando a los subestimados y a los desfavorecidos nunca fueron su verdadero trabajo. Su verdadero trabajo era mantener callados a los agentes, conservar la buena imagen de los editores y evitar que los autores se metiesen en líos.

No pasó mucho tiempo hasta que el discernimiento de Russell, antes selectivo, se transformara en una exasperación generalizada, y sus ocurrencias fueran injertadas en algún otro ámbito de su vida. Durante años se había mostrado muy alejado de la cruda realidad del mundo editorial, pero ahora su historia se estaba convirtiendo en la historia de su entorno: bloqueado, asustado, autocensurado, luchando contra la irrelevancia. La razón por la que no me había dado cuenta de que algunos fragmentos de nuestro mundo se estaban desprendiendo del techo era que Russell me había protegido de los escombros. Y cuando me di cuenta, nuestro mundo ya había desaparecido.

Yo había desaparecido.

Los meses inmediatamente posteriores a mi renuncia sentí una terrible nostalgia. Trabajar desde casa parecía algo anárquico. Y silencioso. Tenía dificultades para hacer cosas sin Russell a mi alrededor, queriendo jugar. También me sentía a la deriva en un paisaje literario fuera de las paredes de la oficina, uno al que le gustaba señalar la inteligencia con oscuridad. Había dado por sentada la calma que conllevaba estar en la órbita de escritores y escritoras legendarios. Me había pasado mi último día en Vintage acompañando a Alice Munro por la ciudad y, durante una pausa en la conversación, le había preguntado si alguna vez la reconocían por la calle. Se paró a pensarlo un momento y dijo:

«En mis mejores días creo que sí. En mis peores días creo que piensan: "Qué viejecita más dulce, espero que no se muera delante de mí"».

Russell prácticamente cambió las cerraduras del edificio. Aprovechó todas las oportunidades que tuvo para hacerme saber que no era bienvenida allí, por lo menos no por la entrada de servicio. ¿Por qué tendrían que importarme los cotilleos de la oficina? ¿Por qué querría ir a comer al Midtown? ¿En serio me había comprado la misma silla de trabajo que la que tenía allí? *Fueraaa, fueraaa.*

De una manera curiosa, me recordaba a mi abuela. Aparte de la pulsera arrojadiza de perlas, el otro regalo que me hizo (mientras estaba viva) fue una pulsera de ónice. Esto fue después de que mi madre la informase de que me habían hecho editora de la revista literaria del instituto. Llegó por correo con un lazo de cuentas negras. Sin nota. No es casualidad que ambos artículos se presentasen en momentos de logros académicos. Probablemente tampoco es casualidad que uno fuese blanco y el otro negro, un estímulo simbólico para liberarme de la zona gris, para escapar del medio, para protegerme de la mediocridad. Para ser «especial». Pero esa era su prioridad, la de mi abuela y la de Russell. Su miedo mortal a lo contrario.

Lo que no le conté nunca a Russell fue que, del mismo modo que su singularidad había encontrado un anexo en grandes autores o en objetos inanimados, la mía había encontrado un anexo en él. Durante aquellas valiosas semanas en que él aún estaba presente, pero las joyas habían desaparecido, quería recuperarlas porque eran mías. Sin embargo, una vez que él tampoco estaba quería recuperarlas porque «eran él». Porque ya no podía visualizarlo sin visualizar los momentos en que las sostuvo, sin asociarlas con su aprobación. Había almacenado lo que más me gustaba de mí en Russell. Ahora él difícilmente me dejaría acceder a ello. Un adelanto de cómo serían las cosas si alguna vez se levantara y decidiera quemarlo todo.

ACTO 3

EL DESCENSO

La ira es prima de la inteligencia. Si no te repugnan ciertas cosas, no tienes límites. Si no tienes límites, no te conoces a ti misma. Si no te conoces a ti misma, no tienes gusto, y si no tienes gusto, ¿qué haces aquí? Esto me lo enseñó Russell. Me enseñó a ser selectiva sobre a quién dedicar mi tiempo y hasta qué punto. Esta es una habilidad fundamental en una profesión en la que el éxito puede empezar a parecerse mucho a la sumisión. De repente te ves escribiendo respuestas serenas a correos electrónicos de autores cabreados, poniendo en copia a diez de tus compañeros de trabajo para que vean lo estúpida que eres. Aprendes a gobernar tu trabajo de una forma que personas con vocaciones similares a la tuya nunca han tenido que hacer con el suyo. Un ayudante de producción de cine puede eliminar un nombre de una lista de invitados sin poner en riesgo el destino de la película. ¿Qué recursos tiene una publicista de libros salvo contestar correos a un ritmo un poco más lento?

Una vez, casi al final de mi etapa en Vintage, un autor canceló su gira por un pie roto. Me aseguró que haría todo lo que yo le pidiera. Sin embargo, cuando llegaron los encargos de escritura, solicitudes de una lista de películas favoritas o una descripción de una comida memorable, puso reparos. Puso reparos con mayúsculas: «Diles que me he roto el maldito pie».

Yo tecleé: «¿El pie con el que escribes?».

Sin embargo, la fragilidad de Russell estaba empezando a contagiárseles también a los asistentes. No llevaban el tiempo suficiente en aquel trabajo para tener una mala actitud, para poner los ojos en blanco tras peticiones directas de periodistas. Eran demasiado jóvenes para perder la paciencia, pero gracias a Russell nunca tuvieron ni una pizca de ella. ¿Y los autores? Bueno. No importaba lo despreciable que fuese su genio; era singular en cada uno de ellos. Una vida en una ciudad universitaria que necesitaba que este libro en particular tuviese éxito. Un meteorito destructor de la economía había chocado contra sus carreras, pero las tasas de matriculación de sus hijos seguían igual de vencidas, sus calderas igual de estropeadas. Russell parecía asustado por su desesperación apenas disimulada. Como si al comportarse ellos de una manera patética lo convirtieran a él también en patético. Podrían hacer añicos cualquier atisbo de ilusión que quedara.

Lo oía venir. Caminaba por el pasillo con fuertes pisadas y se paseaba frente a mi mesa de trabajo antes de gritar «a través de mí» sobre un correo que le había reenviado. La clase de *email* que no hubiese justificado ni una mención, mucho menos una conversación, en los viejos tiempos. Estos arrebatos que en el pasado se reservaban para problemas notorios ahora se dirigían, pongamos, a una organización sin ánimo de lucro de Dallas que quería unos ejemplares de la última novela de Colson Whitehead para las bolsas de regalo de su gala benéfica. Todas las demás editoriales habían accedido a donar libros. No querríamos que nuestro autor se avergonzase, ¿verdad?

—Dile que por supuesto que queremos. Esos libros no van a ir a la beneficencia. ¡Van a ir a unas personas que pueden permitirse comprarlos! Quieren que seamos cómplices del robo de derechos de autor a un escritor. Estas personas de la alta sociedad se creen que se les debe todo. Si quieren hablar de un pedido al por mayor, que me llamen. Hasta entonces... ¿Quién dices que lo pide?

—Un hospital para niños.

—Que se vayan a la mierda. ¿Podemos pedir comida china o estás ya harta de ella?

La primera denuncia se presentó cuarenta y ocho horas después de que yo dejase la empresa. Una acusación de «acoso sexual, básicamente», formulada contra un hombre gay por una mujer heterosexual podría no ser el plato más popular de la carta, pero todos los ingredientes estaban allí.

—Es un buen truco —dije cuando Russell finalmente me lo contó.

No quería explicármelo. Conseguí sacárselo amenazándolo con subir a su casa. Obsesivo de la etiqueta como era («no irás a llevar "flores" a una cena, ¿no?»), se avergonzaba de que lo acusaran de no funcionar bien en el mundo. Para empeorar aún más las cosas, su comportamiento era tan consistentemente inadecuado que tuvieron que comunicárselo a las autoridades. Yo me preguntaba quién lo habría hecho. ¿No era este el mismo hombre que repartía cajas de bombones de autores agradecidos, extendiéndolas sin decir nada sobre las paredes de los cubículos y agitándolas en vasos de papel? ¿No era el mismo hombre que traía cajas de huevos frescos todos los lunes? Por un lado, no podía identificar a un sospechoso. Por el otro, «literalmente», cualquiera parecía una buena opción.

En una ocasión, decidió que una editora «iba vestida como una azafata de vuelo de Provincetown Airlines». En otra, mi ayudante se presentó en la oficina con un cárdigan con una hilera de botones recargados y Russell exclamó: «Es como si hubieses entrado a Talbots[1] y hubieses dicho: "¡Deme lo más provocativo que tenga!"». O los cientos de veces que me preguntó si me había «vestido a oscuras».

Yo nunca llegué a ver la denuncia, pero la presentó una recién licenciada con la convicción de que le debían un ascenso en el momento en que se disparó el *flash* para su fotografía corporativa. Coincidimos unos seis meses antes de mi marcha. Yo estaba

---

1. Talbots es una tienda de ropa conocida por su estilo clásico y más bien conservador. *[N. de la T.]*

de vacaciones cuando Russell se quedó embelesado con sus credenciales de la Ivy League. Su voz era suave y zalamera, seguramente forjada por los años dejando mensajes de voz a profesores para pedirles prórrogas. Yo solía fingir muchas emergencias a puerta cerrada. Debía de pensar que mi vida era un auténtico desastre. La idea de que Russell estuviese presumiendo de tener un dominio «sexual» sobre esta persona requeriría un cambio de personalidad más que un cambio de orientación sexual. Cuando empezó a meter la pata, Russell se sentó con ella y le dijo lo que podría mejorar. Corregir la ortografía en los comunicados de prensa, por ejemplo. Cuando ella no logró potenciar su ética laboral, él no tuvo el valor de despedirla. En lugar de eso, decidió ignorarla. Y podía hacer mucho frío fuera del perímetro de la luz de Russell.

—Pero, seguramente —dije—, hay una diferencia entre un lugar de trabajo infeliz y uno hostil.

—Sí, la hay. Por eso la denuncia realmente no es por ella. Es por ti.

—¿Cómo?

Se aclaró la garganta y empezó a leer. Ahí, en el párrafo 4, sección C, vi mi nombre completo, mi cargo anterior y la fecha en que Russell se refirió a mí como «puta sin dientes» porque rechacé su oferta para tomar café con él.

—O sea, sí, dijiste eso.

En los años siguientes, Russell se enfrentaría a varias denuncias de este tipo. Nunca entramos en los detalles por razones legales difusas, pero también porque no había nada que discutir. Nos conocíamos. «Podrías hacer un *spin-off* entero sobre ese.» Sus días de mascota de la oficina se habían terminado. El foco corporativo se había convertido en una lámpara de infrarrojos. Lo observaban (más bien era un objetivo) por comportamiento inadecuado, por cualquier cosa que terminara en un abogado y un cheque. Había una asistente en otra planta con quien se negó a compartir cintas promocionales de películas, obsequios que repartía por diversión. Se quejó de que Russell era «malo» con ella. Se vio obligado a invitarla a comer. De ese modo, ella ya no pensaría que era malo.

En el momento de su muerte, Russell parecía haber aceptado la idea de mantener a los empleados lejos de su casa. Vivir aislado era preferible a vivir con miedo. ¿Y si decía algo ofensivo al llenarle la copa de vino a alguien? «Este verano estamos hibernando», decía, dándole un toque jovial. Estaba aterrorizado. Aunque también enfadado. Es difícil decir qué estado es más perjudicial para un animador profesional, pero es muy molesto crear una vida de la que puedes tolerar formar parte solo para atraer a personas que quieran desmantelarla, para que te digan que la misma personalidad que construyó este lugar ahora es un lastre.

Había estado tan ocupada echando de menos el mundo que dejé, que no me había parado a pensar en cómo dejé a Russell en él. Después de su muerte intenté sonsacar información a mis antiguos compañeros de trabajo. ¿Cómo habían llegado a ponerse las cosas tan feas? Uno de ellos me escribió: «Era muy querido, pero también un animal salvaje encerrado en una jaula en el trabajo. Era demasiado que reprimir y mantener en una oficina».

Me parece justo. Yo había presenciado cómo se habían difuminado las líneas, las frustraciones con el trabajo, el aburrimiento nocivo. Manos ociosas con uñas afiladas.

Ni siquiera supervisar la extraordinaria explosión mediática que supuso *Cincuenta sombras de Grey* fue suficiente para que Russell siguiera sintiéndose satisfecho, y podría decirse que incluso empeoró las cosas: lo último que este hombre necesitaba era una caja de esposas promocionales bajo su mesa de trabajo. La publicidad de libros se había convertido en un asunto de colonizar otros planetas ahora que el nuestro estaba muriendo, y Russell intentaba adaptarse. Supervisó las ediciones relacionadas con la película, planificó estrategias publicitarias en las redes sociales y asistió a Comic-Con, donde desarrolló un recién descubierto respeto por el *cosplay*. Se hizo amigo de E. L. James mientras recorrían juntos el país, firmando libros en salones de hotel y haciéndose selfis debajo de vallas publicitarias. Él parecía tener soltura en lo que ella vendía, y ella había aparecido en un momento en que Russell estaba desesperado por una esquirla de su antigua gloria. ¿Era esta la misma persona que una vez había mirado con desprecio a Dan Brown, que solía bromear con que, si los extraterrestres necesitaban una muestra representativa de la esencia de la humanidad, deberíamos llevarlos a la biblioteca de Vintage? ¿La misma persona que se preocupaba cuando sus libros generaban escasez de papel? Además, él entendía a E. L. James. También había empezado como una intrusa, una persona subestimada, que, junto con todas las Edies del mundo, era su clase de persona favorita.

Aun así, me estremezco al pensar en Russell en una reunión de *marketing* después de llegar en avión de un congreso de juguetes sexuales la noche anterior. Una vez me contó que había amenazado con azotar a una asistente editorial con un juguete promocional, pero «en realidad, no».

—¿En realidad no lo dijiste o en realidad no lo dijiste en serio?

—Lo segundo.

Las bromas de Russell habían perdido su dulzura precisamente en el momento equivocado de la historia, cuando las pequeñas infracciones se medían por el mismo rasero que las grandes, cuando su energía ilimitada se interpretaba como una agresión. Y, sin embargo, las consecuencias le resultaban imprevisibles. De hecho, estaba confundido. Se había pasado la vida jugando para el Equipo Hipersensible y de la noche a la mañana lo habían traspasado al Equipo Insensible. Reconocía a los misóginos y a los megalómanos. No tenía interés en atribuirse el mérito por el éxito de otra persona. Dedicaba su tiempo libre a pelear por los aumentos salariales de su equipo. Sin embargo, nada de eso importaba ya.

Supongo que lo que Russell nunca entendió es que, si eres una recién licenciada en el siglo XXI, el nombre del juego es no seguir el juego. La curva de aprendizaje para el *establishment* ha resultado demasiado empinada y se ha buscado a sus pares para traducir el mundo contemporáneo, para activar el wifi. No están buscando un asiento en la mesa. Están apuntando a la mesa. El problema de la edición de libros es que, a pesar de fabricar el producto con la historia más rica para incitar un comportamiento incendiario, sigue siendo un mundo profundamente anticuado. Esto no ocurre porque los empleados más veteranos tuvieran que tolerar desaires en el pasillo —y si ellos lo hicieron, ¿por qué no deberías tolerarlos tú?—. Es porque toda la maquinaria está impulsada por la forma de arte que más tarda en producirse, lanzarse, consumirse y dar beneficios. Cualquier industria que se considere a sí misma de una forma «tan» rudimentaria va a tardar mucho en aceptar la idea de que tiene la capacidad de dañar a los suyos.

¿Cómo debe de ser todo esto para una asistente criminalmente mal pagada? Debe de sentirse como si la estuvieran engañando inválidos. Entonces, justo cuando estás a punto de quedarte ciega personalizando comunicados de prensa, Russell aparece como un perrito de la pradera por encima de la pared de tu cubículo, preguntándote por qué llevas la misma ropa dos días seguidos.

Tal vez las generaciones más jóvenes dirían que con esto estoy revelando mi edad. Debería ser más sensata. No son ellos quienes necesitan protección, sino todos nosotros, una sociedad basada en los cimientos del respeto mutuo, la justicia y la sensibilidad. He percibido que sería mucho más fácil alinearme con su lado de la sala de audiencias generacional. Por un lado, tengo una edad en la que se quiere parecer más joven, pero se deben hacer ciertos sacrificios en las conversaciones para lograrlo, un periodo de transición entre atribuirse el mérito por la propia experiencia y tragarse esa experiencia, no sea que una revele que presenció el Pleistoceno. Por otro lado, es difícil defender los matices cuando la mayoría de las personas en posiciones de poder abusan de la definición.

Mi generación (X) inventó la depresión, aunque carece gravemente de revolución. Somos el último grupo de estadounidenses en ser socialmente conscientes y no hacer nada al respecto. Nosotros, con nuestra vaga conciencia del Día de la Tierra y nuestra indignación bianual con el racismo sistémico o la pena por terremotos lejanos por los que nunca temblamos. No se nos prometió el mundo, no, pero por lo menos crecimos con algo parecido a una economía. Por lo menos teníamos un camino. Luego dejamos que el viento se llevara las migajas de la desafección. Así que, si eres más joven, seguramente te estarás preguntando: «¿A cuántas generaciones futuras debemos castigar con nuestros malos hábitos heredados?». Ni siquiera tenemos destreza con el pulgar, por el amor de Dios. Si fueras más joven, podrías decir: «Perdón por aquel episodio con la capa de ozono que vosotros, pobres infelices, pensasteis que sería "la solución", pero abrid los ojos. No tenemos tiempo para esto».

Salvar el planeta y erradicar la desigualdad es todo un reto para una estudiante de Literatura Inglesa. Pero quizá puede empezar por su propia vida. Tal vez puede empezar por no tolerar los pequeños «comentarios» de un loco desfasado con pajarita. Dime: ¿qué lo hace distinto al resto?

Cualquier industria que tenga el hábito de brindar por cuadragésimos aniversarios está destinada a soportar algunas muertes importantes. Sin embargo, después de la muerte de Russell estas se concentraron de forma extraña. Su muerte, que a mí ya me parecía marginada, fue como dar a una bola de billar para más muertes. En los meses siguientes al suicidio de Russell, nos dejaron algunas grandes figuras del mundo de la publicidad. Susan Kamil, la querida editora de Random House, murió. Sonny Mehta, el legendario director editorial de Knopf, murió. Carolyn

Reidy, la presidenta de Simon & Schuster, también murió. Una generación de mentores borrada del mapa. Qué extraño debió de ser para los asistentes editoriales durante este periodo llegar a casa y explicar a sus compañeros de piso que sus jefes no paraban de desplomarse.

Esta sucesión de pérdidas me recordó al cuento mordaz de Donald Barthelme titulado «The School», sobre un profesor de primaria a quien encargan explicar una serie de muertes cada vez más significativas:

> Un día tuvimos una discusión en clase. Me preguntaron: «¿Adónde han ido? Los árboles, la salamandra, el pez tropical, Edgar, los papás y las mamás, Matthew y Tony, ¿adónde han ido?». Y yo respondí: «No lo sé, no lo sé». Y ellos replicaron: «¿Quién lo sabe?». Y yo dije: «Nadie lo sabe». Y ellos dijeron: «¿Es la muerte lo que da significado a la vida?». Y yo respondí: «No, la vida es lo que da significado a la vida».

Lo reproduje en bucle: Russell, Susan y Sonny, ¿adónde han ido? No lo sé, no lo sé. Nadie lo sabe.

La última vez que vi a Sonny fue en el funeral de Russell, en octubre de 2019. Murió un par de meses después, el 30 de diciembre de 2019. Fue flagrante lo incapaz que fui de llorar a Sonny. Este hombre no era una coda para la historia de Russell. Su muerte fue una pena global. También resultaba, además, personalmente responsable de mi mayor borrachera en la oficina, puesto que me llevó una vez a una comida con tres martinis de verdad. Fue Sonny quien pasó por encima de Russell y de mí aquel día, cuando tiré a Russell al suelo. Recuerdo su voz por encima de nosotros: «Niños». Pero yo estaba demasiado celosa para estar triste. Cada palabra sobre su vida, sobre todas esas trayectorias extraordinarias, era una puñalada en un ojo.

Russell nunca tuvo un obituario. No era editor y no era famoso. La publicidad de libros, ingrata hasta en la última parada.

El marido de Russell estaba demasiado abrumado por el dolor para contactar con periódicos, y cuando el resto hicimos campaña para conseguir una necrológica, reclamando la importancia de Russell, ya era demasiado tarde. Esa ventana se había cerrado. O quizá no lo intentamos lo suficiente. ¿Media docena de publicistas o expublicistas, y justo esta fue la historia que no pudimos colocar? Pero nos venció la naturaleza de la bestia. El suicidio, en sí mismo una forma de muerte aislada, quiere que el duelo sea solitario. Quiere que te diluyas y te encojas, para que todo el mundo se haga un ovillo en su respectiva bola. Nos costó mucho combatirlo. Cuando todos aquellos editores pasaron a mejor vida («murieron», me corregiría Russell, «la gente con clase dice "murieron"»), sentía que le habían robado. Y no reaccioné precisamente bien.

¿Existe algo llamado *funeralzilla*?[2] Cuando mis excompañeros consiguieron un espacio para hacer un funeral, me esforcé en hacer que se arrepintieran de haberme consultado. Puse objeciones a todo. Quería algo pequeño. Una cena en un restaurante caro y que nos sirvieran solo los platos favoritos de Russell. Nada de eneldo. Y solo ciertas personas deberían hacer discursos y no deberían extenderse demasiado. Nadie tuvo el valor de decir: «¿Te das cuenta de que él no asistirá a la cena?». Bueno, vale. Si tenemos que hacer algo más grande, entonces hagámoslo enorme. Y los programas tendrían que sujetarse con lazos, no con grapas. En realidad, quizá no deberíamos hacer nada. Toda esa gente atrapada en su silla como si estuviese en una lectura sobre la Constitución. Tal vez deberíamos hacerlo en el exterior. ¿Es difícil cortar la Quinta Avenida durante una hora?

Hizo falta un pequeño ejército para que se me metiera en la cabeza que la gente necesitaba hacer el duelo, no solo las cinco personas favoritas de Russell. Unas cuantas más. Necesitaban sentarse

2. La traducción aproximada sería «la fuerza destructiva de los funerales». [N. de la T.]

en un auditorio y escuchar discursos y poemas, y puede que algunos de esos poemas fuesen de Auden. Realmente no se trata de Russell. Más concretamente, no se trata de mí. No soy la única protectora de este hombre. Si él estuviese aquí, podría encargarse de la lista de invitados, pero no está. Las necesidades de los vivos son más importantes que los deseos de los muertos. ¿Es que no puedo entenderlo? No «igual» de importantes. «Más» importantes.

Al final, la única decisión que tomé fue llevar un vestido que a mí me gustaba, pero que Russell, odiaba y unos zapatos que a Russell le gustaban y que yo detestaba. Sopesando, me parecía un compromiso justo. Escribí un panegírico. También lo hicieron otras personas. Nuestras historias tenían mucha fibra duplicada. Sin embargo, otras personas no parecían tener problemas para expresar su enfado contra Russell. Sus cables de dolor («lo echo de menos») se enredaban con sus cables de ira («lo mataría»). Por supuesto, estas personas también sufrían. Si una marea alta eleva todos los barcos, un remolino también los arrastra a todos al fondo. Del mismo modo en que yo tenía que pasar por el restaurante donde lo vi por última vez al salir de casa, ellos tenían que pasar por su despacho vacío para ir al baño.

Entre bastidores vi a su pareja, que no hablaba, que no podía hablar. Nos abrazamos. No lo había visto desde el aparcamiento en Connecticut, ¿y antes de eso? No lo había visto en años. Olía a chimenea y a ajo. El ajo de Russell. John Updike escribió: «Todos los matrimonios tienden a consistir en un aristócrata y un campesino». Estoy segura de que sus roles eran perfectamente obvios desde dentro, pero yo nunca supe quién era quién cuando comíamos tarta de fruta directamente del molde. O cuando Russell se zambullía en la piscina mientras los perros se paseaban por el perímetro, ladrando con preocupación.

Una vez, cuando todavía trabajaba en la oficina, un excompañero creó el Mad Libs de Vintage Books[3] y nos lo envió:

---

3. Mad Libs es un juego creado por Leonard Stern y Roger Price al que se

Entonces me encontré con Sloane en el pasillo.

—¿Cómo está Russell? —le pregunté.

—Oh, está _____ [adjetivo]. Pero cree que se está volviendo _____ [adjetivo].

—Pobre marido.

—Pobre marido —coincidió Sloane—. Es una pena. Es tan _____ [adjetivo].

—Y Russell puede llegar a ser un _____ [sustantivo].

Nunca sabré con qué tuvo que lidiar su marido o lo mucho que se esforzó. Nunca sabré exactamente lo que ocurrió en esa casa, ni en los años que pasé en la habitación amarilla ni en los que pasé fuera de ella. Y no es cosa mía saberlo. Es la historia de amor de otra persona.

—Lo siento mucho —susurré, con la barbilla en su hombro.

Se apartó y miró hacia abajo.

—Cariño —dijo, apoyando la palma de la mano en mi mejilla—, qué zapatos tan fantásticos.

Y así es como termina el mundo, no con una explosión, sino con un gemido, ¿verdad? Después del funeral no me hubiese importado una explosión. Quizá podría haberle dado una bofetada a alguien durante el cóctel. O correr hacia la calle chillando. Tal vez un solo grito en un puente al atardecer, con la boca abierta. En noruego, el título de la obra maestra de Munch también puede traducirse como «El chillido». Quizá las dos palabras tienen el mismo significado en noruego, pero en inglés hay una cierta diferencia. Un chillido es más involuntario. Es el dolor que entra, no el dolor que sale. Es ver un ratón en la cocina. En lo que se refiere a Russell, ya no tengo interés en chillar.

---

suele jugar en fiestas. Consiste en rellenar los espacios en blanco en una historia para luego leerla en voz alta. [N. de la T.]

Sin embargo, la ira o no es inminente o ha sido tan interceptada que ya no sé si tiene que ver con él cuando llega. Russell me enseñó bien. La furia y la indignación tienen un toque intelectual, pero el enfado es gutural. Algunos elementos del mundo no cumplen con su parte del trato y el enfado se cobra la deuda. Me gustaría ponerme furiosa con «alguien». Tal vez con su marido, conmigo misma, con Russell, con nuestro feudo desequilibrado que lo exigía todo (lealtad, perseverancia, humildad) y solo nos dio el uno al otro a cambio. Y luego también se llevó eso. Lo hicimos todo bien, ¿verdad? Cerramos los ojos y abrimos los brazos y cruzamos la puerta del templo. Dicen que todo el mundo está vendiendo algo. Lo único que Russell siempre quiso fue venderse al mundo con una buena historia tras otra.

Intenté gritar una vez, solo para ver cómo me sentía.

Fue en el primer aniversario de su muerte, el 27 de julio de 2020. Una cosa curiosa sobre el aniversario de un suicidio es la mayor probabilidad de premeditación. No es solo el día en que murió una persona a la que querías; es el día en que esa persona supo que moriría. Te levantas por la mañana y piensas: «Quizá no lo sabía ayer o antes de ayer, pero probablemente sí lo sabía hoy. Probablemente lo supo esta noche». Es un consuelo extraño. Con cada momento que pasa me siento más cercana a Russell que en todo el resto del año. Vimos atardecer. Comimos *dumplings*. Leímos *Ve y dilo en la montaña*, de James Baldwin. Luego caminamos por el río Hudson, hasta el Pier 34, una franja de hormigón sin pretensiones de ser un destino. Es solo para ir hasta allí y volver.

Nueva York se había reducido para entonces. La plaga se había instalado, expulsando al mundo exterior. La gente estaba dentro de sus pisos o había huido hacia otros distritos postales; el clima cálido de la ciudad presumía ante un público ausente. Miré al río, a la Estatua de la Libertad, tan solitaria ahora, me volví hacia Russell y pregunté: «¿Habrías sobrevivido a esto?

Con todo lo que ya estaba tan mal, ¿habrías sobrevivido a lo que vino después?».

Entonces me bajé la mascarilla para gritar, pero no me salió ningún sonido.

Parte IV

¿LOS MONOS NOS ECHAN DE MENOS?

(Depresión)

El techo llevaba años cayéndose. El agua y el tabaco lo habían manchado por ambos lados. Aparecían cometas donde no había cometas, dejando rastros de amianto. Sin embargo, si observabas con detenimiento, percibías —y todavía percibirás— un problema más grande con el techo en Grand Central. Todo el cielo está presentado al revés. El oeste es el este y el este es el oeste. Un pasajero se dio cuenta del error en 1913, poco después de que el edificio abriese al público. En ese momento, la línea política de la ciudad era que el techo pretendía imitar lo que Dios ve cuando mira hacia abajo, no lo que los seres humanos ven cuando miran hacia arriba. Pero no tiene importancia. Luego, en 1997, se restauró a su color cerúleo original, la suciedad se eliminó con una esponja, las constelaciones se iluminaron y era tan bonito que a nadie le importó si estaban mirando hacia Dios o si Dios estaba mirándolos a ellos.

O si Dios ni siquiera estaba mirando.

Hay un viaje de media hora en tren desde la ciudad de White Plains, donde me crie, hasta Grand Central Terminal. Eso significa que debo de haber estado dentro del edificio muchas veces antes de la renovación. Sin embargo, no consigo reproducir ningún recuerdo de él. Justo cuando creo que puedo, me doy cuenta de que estoy viendo a Cary Grant huyendo en *Con la muerte en los talones*, o a Robin Williams haciendo bailar un vals a la multitud en *El rey pescador*. Grand Central representa cómo nacimos a la ciudad quienes crecimos en los suburbios del norte y, al igual que el nacimiento, no tengo recuerdos de ello. Recuerdo la ciudad en sí misma. Los grafitis. Los baches. El olor a mazapán que emanaba de las panaderías. El recorrido de 50 centavos por la infancia de mi padre en Brighton Beach: «¡Sacábamos caballitos de mar de estas aguas!». Un vagabundo en Rockefeller Center gritando que Kitty Dukakis era alcohólica porque bebía alcohol sanitario. Durante mucho tiempo pensé que no podías ser alcohólico si no bebías alcohol sanitario.

Grand Central no se hace patente hasta que alcanzo la veintena. Veintiún años: esprintar desde el Hammerstein Ballroom para coger el último tren a casa, tirando de mi cuerpo en la dirección de la vía correcta. Veintidós años: perder el billete en el vestuario de Canal Jeans y tener que pagar por uno más caro en el tren (en el lugar de donde yo vengo esto es una tragedia, un comportamiento típico de una persona de mierda). Veintitrés años: sonrojarme cuando un camarero elogia mi vestido de una forma que me hace doblar el abrigo sobre él durante todo el camino a casa, como si fuera un burrito humano.

En el puesto de información dentro del vestíbulo principal, aún se puede encontrar una de las constantes más inesperadas de la vida en Nueva York: los horarios de los trenes en papel. White Plains está en la línea azul, la línea Harlem. Es un camino directo a los pueblecitos más caros de Estados Unidos, pero siempre pensé en ella como un azul para todo el mundo, un azul municipal, la clase de azul que ves en una tarjeta de biblioteca. Por lo que sabía, la línea verde, la línea Hudson, dejaba a los pasajeros directamente en los *bed and breakfast*. Era para personas que querían estar desconectadas de los servicios públicos. ¿Y la línea roja, la línea New Haven? Me habría sentido más cómoda huyendo a Río de Janeiro. ¿Hay taxis en los suburbios de Connecticut? ¿Autobuses? ¿Señalización? ¿Contacto visual? Este era el rojo de los fondos mutualistas, de las manzanas inyectadas con veneno.

Y, sin embargo, todas estas personas, ricas y pobres, con talento y sin talento, llegaron a Nueva York de la misma forma que yo. Tal vez siempre habían soñado con vivir aquí. O quizá esta elección, que puede ser muy difícil para los forasteros, fue la más fácil. Luego nos dispersamos como canicas, codificados con el entendimiento de que no teníamos una historia real, que, a diferencia de las personas de lugares lejanos, que aprovecharon sus raíces para algo profundo, tendríamos que borrar nuestros espacios en blanco indefinidamente. Sin embargo, sí existe un lenguaje de los suburbios. Ninguno de nosotros venía de lugares conocidos por su tesón o su esplendor, de modo que este lenguaje queda fácilmente amortiguado. Lo amortiguamos nosotros mismos cuando nos aferramos a los éxitos de la ciudad como si estuviésemos pidiendo algo prestado. No estamos pidiendo nada prestado. Somos como los caballos de Central Park, en el sentido de que nuestra historia se define por lo que estamos mirando.

Entonces, ¿de quién es esta ciudad? ¿Quién siente más lástima cuando le hacen daño? Cuando ocurre la tragedia, se desarrolla una competición tácita hasta que el número de manzanas que te separaban de esa tapa de alcantarilla que estalló se reducen con cada relato. Si la ciudad alguna vez muere y va al cielo, tal vez se revelará que siempre fuimos nosotros, medio nativos, medio turistas que nos hemos sentido a la vez abrazados y despreciados por Nueva York, que conocemos el abandono y el deseo, quienes lo vemos más claramente. Pero no es probable que eso ocurra.

Septiembre de 2001: el metro número 9 del centro. Una interrupción en las vías. El metro traqueteó, retrocedió (algo que nunca había experimentado hasta entonces y que nunca más he vuelto a experimentar) y nos liberó en Times Square. Conocía a una chica de la universidad que trabajaba como empleada temporal en el World Trade Center. Aquella mañana se despertó y decidió faltar al trabajo y sentarse en Central Park con un *discman* hasta alrededor del mediodía. A veces pienso en esas horas adicionales de inocencia que introdujo clandestinamente en el nuevo mundo. Agosto de 2003: una ciudad desconectada. Las pantallas de los ordenadores estaban oscuras, bajamos tramos de escaleras hasta que nos dolieron las rodillas. Esa noche, mi vecina, cuyo marido estuvo en la planta 104 de la torre norte, organizó una cena a la luz de las linternas. Por alguna razón, los padres de su difunto marido habían dado permiso a un equipo documental canadiense para que la entrevistase sobre su pérdida. Abrió la ventana y les gritó que se fueran a la mierda hasta que se marcharon. Luego se encendió un porro con una vela y dijo: «Espero que se queden atrapados en el túnel Lincoln». Octubre de 2012: ventanas selladas, aire acondicionado silbando, novio en California. «Puede que tenga que colgarte —le dije—. No es nada personal.» De repente, un sonido terrible. El edificio de la esquina no cumplía la normativa y la fachada entera se derrumbó hasta convertirse en un montón de escombros. Esto resulta una cosa extraordinariamente ruidosa, una fachada derrumbándose. Mi novio me sugirió que saliera de allí. Busqué a tientas un sacacorchos.

—Pero ¿adónde demonios podría ir?

Marzo de 2020: como con un chasquido de dedos, el silencio. En el futuro dependerá de los maestros inteligentes de secundaria meterlo en el plan de estudios. Nosotros crecimos con una versión de él: «Lo primero que percibías de la Nueva York del siglo XVIII era el olor». Lo primero que percibías de la Nueva York pandémica era la paralización que han descrito miles de autores y que describirán miles más, y ninguno de nosotros dará en el clavo. Si es que queremos seguir haciéndolo. Apenas percibimos el ruido cuando volvió. El ruido es cordura. Todo ese silencio, salpicado por los gemidos de las ambulancias. El 11 de septiembre, las enfermeras se pusieron en fila en el exterior de St. Vincent, asomando la cabeza por la Séptima Avenida, esperando a personas heridas que nunca llegaron. Pero sí llegaron. Solo que llegaron tarde.

Dejamos ir muchas cosas muy rápido. Realmente se nos fue la olla. En pocas semanas, Nueva York, que representa tal bochorno de libertades en la imaginación global, se había convertido en una cárcel de la clase media. ¿Hubo algo realmente malo en algún momento dado? No. ¿Todo fue un desastre absoluto? Sí. Fuimos a comprar atún, licores, ajo, cebolletas, lentejas, *bagels* para congelar, verduras para escaldar, cuñas de parmesano. Té de eucalipto. Favorece la función respiratoria. Pastillas de zinc. Evitan que la garganta se convierta en una placa de Petri. Oxímetros. Esperemos que no. Radios de manivela. Por los zombis. Algunas personas se llevaron papel higiénico a casa en cantidades industriales. Vístete para la enfermedad que quieras, supongo. Al parecer, lo que mucha gente quería era el cólera.

Se suponía que los autónomos como yo seríamos especialmente adecuados para las pruebas inminentes de la cuarentena porque ya trabajábamos desde casa, acordonados frente a la sociedad elegante. «La autora vive en Manhattan, donde divide su tiempo entre su cocina y su salón.» Ciertamente, no éramos ajenos a la autoestructura. Sin embargo, esto significaba que sabíamos exactamente cuánta incertidumbre podíamos aguantar y ya estábamos al máximo de nuestra capacidad. Se nos introdujo a cada uno de nosotros en el último párrafo de *Los muertos* de James Joyce. El duelo (por nosotros mismos, por los demás, por nuestra ciudad) era como la nieve que caía «en cada zona de la oscura planicie central y en las colinas calvas; caía suave sobre el médano de Allen y, más al oeste, caía suave sobre las sombrías y sediciosas aguas de Shannon. Caía, así, en todo el desolado cementerio de la loma donde yacía Michael Furey, muerto».

Russell era mi Michael Furey.

Esta es una persona muerta. Ahora viene el resto.

Durante doce días de marzo me tumbé en la cama y observé el cielo brillar, el suave, no obstante, inevitable pulso de un nuevo día. Esta clase de insomnio me resultaba familiar. Quienes viven con dolor conocen el insomnio particular que engendra; tan innegociable, tan inmune a la leche caliente y los sedantes. El insomnio típico tiene un aire arrepentido, como si no quisiera estar ahí. Como si supiera que mañana tienes un día importante, pero no pudiese evitarlo. El insomnio del duelo tiene boca: «El tiempo no cura todas las heridas. El tiempo no cura ninguna herida. ¿Quién te prometió eso? Que te devuelva el dinero». El tiempo solo aparta las heridas. La vida normal se vuelve insistente y desplaza la pérdida. Normalmente, esto es algo bueno. Gran parte de la sanación se basa en el reconocimiento de que no todos tus tejidos resultaron dañados en el accidente. Aunque, a veces, no hay nada como la vida normal. A veces, la vida desplaza la pérdida con más pérdida.

Nuestra sed colectiva de horrores era insaciable, lo cual no nos hacía sentir catastrofistas; nos hacía tener ganas de pasar lista. ¿Qué pasa con los taxistas? ¿Qué pasa con los tíos con paraguas que se manifiestan con la primera gota? ¿Qué pasa con el teatro? No existe un público formado por una sola persona. ¿Qué pasa con los zoológicos? ¿Los monos nos echan de menos? Los animales perciben estas cosas, ¿sabes? Mi cerebro era como una niña pequeña espeluznante que no paraba de enseñarme dibujos inquietantes. «¿Sabes qué haría que esto fuese incluso más fácil? Que mirases el teléfono. Sabes que quieres hacerlo.» Como escribió el escritor y teólogo Thomas Merton, «cuanto más trates de evitar el sufrimiento, más sufrirás, porque las cosas más pequeñas e insignificantes empezarán a torturarte, en proporción a tu miedo a ser herido. La persona que más evita el sufrimiento es, al final, la que más sufre». Así que miré mi teléfono.

En teoría debería haber estado preparada para lidiar con la fantasmagoría de la pérdida. Objetos desaparecidos. Personas desaparecidas. Mundos desaparecidos. Todo vale. A veces te lo arrebatan. Pero el truco, al menos al principio, era que, en realidad, nada había desaparecido. Todavía no. Una se imagina informando sobre una ciudad robada: «Señora, avísenos cuando falte algo».

Los meses posteriores a la muerte de Russell, me pasé una cantidad de tiempo no desdeñable soñando despierta sobre lo «suntuoso» que sería prepararse para la pérdida. Resulta que la versión preparada no es tan sexi. Tal vez esta es la definición más llana de la ansiedad: lamentarse por lo que aún no ha desaparecido. La ansiedad es una etapa constante de duelo, una sombra pegada a los talones de sus hermanos más tristemente célebres. Si la miras más de cerca, la verás en el fondo de todas las fotografías familiares. Pero ¿de qué otra forma se puede lidiar con una amenaza invisible? Los niños estadounidenses de los años ochenta conocieron este dilema existencial en *La historia interminable*, una película que presenta una fuerza malévola llamada la Nada. La Nada llega como una tormenta y destroza el mundo de Fantasía absorbiendo todas sus historias. Del mismo modo, una nube de ansiedad de grado médico había descendido a la ciudad y había creado una fusión mental depresiva. Este no es un estado natural para Nueva York. Nunca se debería saber lo que está pensando nadie.

Es extraño que una persona a la que amas, alguien con muchas opiniones, muera antes de una catástrofe global. Nora Ephron murió tres años antes de que Donald Trump anunciase su candidatura y sigo pensando en ello. Una se siente aliviada por los muertos, porque se salvaron de la noticia, pero a la vez frustrada por haber sido privada de su reacción. Una fantasea con ser la mensajera: «No te lo vas a creer». No podía saber lo que hubiese hecho Russell con esta etapa o de qué habríamos hablado. O con qué frecuencia. Estar confinado en la casa de Connecticut, donde no había pasado más de dos semanas consecutivas en veinte años, habría sido todo un reto. También tendía a ser un reflejo de su pareja y se aislaba cuando estaba sometido a estrés. Para ser publicista, no era una persona muy telefónica.

Sin embargo, podría hacer una pregunta ancestral: ¿qué haría Russell? El mercadillo estaría en un parón indefinido. Los fines de semana cogería un cubo de comida para peces y se adentraría en el estanque, lejos de la cabeza ladeada de los perros. Luego observaría el cuerpo brillante de los peces moverse hacia delante y hacia atrás mientras los bañaba con bolitas. Por la noche, seguramente vería películas antiguas o *Judge Judy*[1] y por la mañana leería junto a la piscina. Aún estaría allí cuando su marido volviese del supermercado.

—Te juro —le diría su pareja— que nadie sabe cómo comportarse.

—¿Es que alguien lo ha sabido alguna vez? —respondería Russell sin levantar la vista del libro.

Y haría fotos. «Montones» de fotos. Russell publicaba constantemente fotos de su jardín, de modo que yo hice lo que habría hecho él: compartir imágenes de los árboles de Washington Square Park, sus ramas cargadas de flores de cerezo. O los tulipanes tan abiertos, como si bostezasen, en mi manzana (la primavera se burló de todos nosotros: podíamos oler las lilas a través de nuestras mascarillas). Cuando una conocida de Chicago me regañó con un «¡vuélvete a tu casa!», escribí: «Es mi momento en el patio, perra», pero borré el comentario. Una semana después, cuando compartí un vídeo del hombre del camión de helados Mister Softee en los alrededores de Tompkins Square Park espolvoreando hebras de azúcar en mi cucurucho, escribió: «¿No debería subirse la mascarilla?».

¿Merecía la pena saber de gente que no estaba en Nueva York? Antes del COVID-19, esta pregunta pertenecía al ámbito de los locos de la ciudad que creían que este lugar seguía siendo el punto inmóvil del mundo que gira. Y ni siquiera ellos lo preguntaban en serio. Ahora se le daba una consideración real. Si mi re-

---

1. *Reality show* estadounidense en el que una exjueza, Judith Sheindlin, juzga conflictos de la vida real en un tribunal simulado. [*N. de la T.*]

ciente avalancha de pérdidas me había enseñado algo, era que solo porque otras personas hubiesen experimentado el mismo trauma no significaba que tuvieses que hablar con ellas de eso. ¿Qué registro fotográfico de la vida en la ciudad hubiese preferido esta mujer? Había un camión de reparto aparcado en mi manzana que antes era un camión de Walmart. Por la noche, bajo las farolas, podías ver el reflejo de donde antes estuvo el logo. Estaba lleno de cadáveres. ¿Cuánta tragedia se supone que debíamos proporcionarles a quienes necesitaban que nos desmoronáramos al ritmo de una nota funesta?

No estábamos siempre deprimidos, no. A veces, nos emborrachábamos. A veces, dejábamos que la alegría cayese en nuestras redes. Pasé entre dos anuncios, colocados uno frente al otro en una calle. El de una aplicación bancaria: «Hecha para no moverse». El de una pasta de dientes: «Expándela». Le gorroneé un cigarrillo a un amigo que vivía siete pisos más arriba. Enrolló un mechero y un cigarrillo en una funda de papel de aluminio y lo tiró por la ventana como si fuese un juego de llaves. Para el cumpleaños de una amiga, también fumadora, le compré su marca favorita de cigarrillos, cogí uno del paquete nuevo y lo sustituí por una vela. Durante un paseo encendí la vela, sosteniéndola entre las dos; un gesto extrañamente romántico. Se bajó la mascarilla, pidió un deseo y me sopló directamente en la cara.

¿Lo ves? Es divertido.

Incluso si hubiera querido, es difícil tomar una fotografía del propio miedo a morir sola, o a morir en general. Es difícil ponerle un filtro a una distopía con final abierto. Y es aún más difícil tomar una fotografía sobre el reconocimiento de que tu mejor amigo realmente se ha ido, una etapa del duelo que me llegó en un momento bastante inoportuno.

Por la noche, el agujero que tenía en el corazón era como un túnel de viento que silbaba hasta el amanecer. A medida que las horas se hacían más oscuras me reía de mi techo, repitiendo chispas y destellos de Russell, el recuerdo de él y el recuerdo de

Nueva York entrelazados: la vez que vimos a Anthony Weiner en el metro y Russell se bajó del vagón como protesta, su bolsa se quedó atrapada en la puerta y Anthony Weiner la recuperó. Aquella ocasión en que un cajero de Ricky's me preguntó si Russell era mi padre. Mis copas de despedida en el Russian Samovar, cuando Russell declaró que el vodka de rábano picante le estaba haciendo llorar. La vez que nos colamos en una fiesta en el consulado indio y Russell se quedó encerrado accidentalmente en el baño. La cena de mi cuarenta cumpleaños, cuando comió setas mágicas por primera vez, se envolvió en el mantel de una amiga y se marchó con él. Aquella ocasión en que entramos en una cena de entrega de premios y le pedí que me sacara de una conversación en particular, si esa conversación llegaba a ocurrir. Cuando sucedió, Russell cruzó la sala y dijo: «Siento interrumpir. Iba a acercarme aquí e inventarme cualquier historia ridícula sobre por qué la necesitaba, pero tiene que levantarse pronto para una cirugía programada y eso no es nada de lo que avergonzarse, ni siquiera a su edad. Por cierto, ¿no deberías no beber?».

Luego me quedaría sin mi estipendio nocturno de recuerdos y seguiría tumbada en silencio, deseando poder injertar algo de ese silencio en aquellas noches en que Russell y yo volvíamos a casa por el parque, compitiendo por el tiempo de emisión. ¿Qué palabras habrían aflorado si las hubiésemos dejado?

En *El año del pensamiento mágico*, Didion escribe: «Te falta una sola persona y el mundo entero está vacío».

También es cierto de esta manera: el mundo entero está vacío y te falta una sola persona.

Ya no sentía la presencia de Russell, ya no me sentaba en la escalera de entrada y le hablaba. Ahora el restaurante estaba cerrado, las ventanas tapadas con papel de periódico por dentro. Sin embargo, sentía que se había marchado de la ciudad. La membrana se había endurecido de tal modo que, aunque sabía dónde presionar, ya no importaba. En lo que se refería a crear mis propias historias, había estado actuando para un público de una única persona durante mucho tiempo. Russell era mi prueba de fuego. ¿Esta le parecería entretenida? ¿Le parecería tonta? Nunca había publicado una palabra cuando él no estaba vivo, cuando no lo conocía. El confinamiento estaba haciendo todo lo posible para borrar nuestros recuerdos a corto plazo (demuéstrame que es miércoles), pero sin Russell como testigo, podía sentir que también estaba poniendo sus miras en la memoria a largo plazo. ¿Cuál era mi historia? Escarbé en busca de hechos y fruncí el ceño ante el botín. Mujer. Judía. Alérgica a las nueces. Un conjunto de detalles. ¿Es esto lo que construye a una persona?

Poco antes de la pandemia, una excompañera de la oficina me había enviado un sobre que había encontrado en la mesa de trabajo de Russell. Estaba lleno de cartas que le había escrito a lo largo de los años en papeles membretados de hotel; algunos elegantes, otros de un bloc que apenas merecía el pegamento que tenía. Solía entregar las cartas en varias recepciones, a horas intempestivas, durante las giras de presentación de libros. Tenían mucha vida. Estaban escritas por una persona que se sentía más segura y estaban destinadas a una persona que era, en el sentido literal, más segura. Incluían bocetos elaborados del aparcamiento del Marriott, o simplemente tenían escrito: «¿Eso es lo que te vas a poner hoy?». Ahora las cartas vivían en el cajón de mi escritorio, en el piso que nunca dejaba.

Lo estaba perdiendo y aun así no podía alejarme de él.

A medida que la pandemia se fue asentando, hicimos un esfuerzo para no competir por ser la Persona Más Perjudicada del Grupo. Por lo visto, el ego es una comorbilidad de la depresión. Aspirábamos a la solemnidad, intentábamos no dejar que nuestras historias individuales rebotasen en los campos de fuerza de otras historias. ¿No era esta la prueba colectiva forzosa para la que la Autoridad Metropolitana del Transporte nos había entrenado toda la vida? Somos fuertes nivel Nueva York. Somos duros nivel Nueva York.

Entonces, me pregunto, ¿quién es débil? ¿Pittsburgh?

Mantuvimos el cuerpo en movimiento, sintiéndonos bautizados por el viento mientras caminábamos por puentes vacíos, especulando sobre el interior de los hoteles, todos esos carritos sepultados con artículos de baño gratuitos. Russell tenía un proyecto de frugalidad desde hacía mucho tiempo y veía cuánto podía aguantar sin pagar por un champú. El cuarto de baño de Connecticut tenía cestas sin fin de frascos adorables. A estas alturas ya habría venido a la ciudad, solo para saquear el Carlyle. Pero ¿se sentaría en los bancos del parque? Porque algunas de nosotras no nos sentábamos en ellos. ¿Podían matarte los bancos? Toda una vida de sentirse superior a cualquier persona que no pudiese lidiar con la impredecibilidad de esta ciudad y ahora solo te sientes cómoda si eres la persona más prudente en la sala.

Iba a los sitios de la misma manera en que los nadadores se impulsaban desde la pared de la piscina. A veces, la simple perspectiva me agotaba demasiado. Había un parque infantil en Tribeca por el que evitaba pasar porque la frase «diversión de las SS» escrita en el columpio me parecía un poco demasiado. Tal vez la ciudad era como Bettie Page, que no se dejaba fotografiar a partir de una cierta edad. Debemos desviar la mirada por respeto. Una noche, una mujer descalza me siguió por todo el vecindario gritando: «¡HOLA! ¡HOLA! ¿¡PUEDES TRATARME COMO A UN SER HUMANO NORMAL?!». Cuanto más la ignoraba, más fuerte gritaba: «¿¡PUEDES TRATARME COMO A UN SER HUMANO NORMAL?! ¡¿PUEDES TRATARME COMO TRATARÍAS A UN SER HUMANO NORMAL?!». Cuando llegamos a una avenida, me di la vuelta y rugí: «¡YA LO ESTOY HACIENDO!».

El planeta entero había adquirido una forma desconocida. Hora de dormir en la Ciudad de las Luces, se acabó el juego en la Ciudad del Pecado. Aun así, nos observaban. Quizá porque nos habíamos pasado la mayor parte de un siglo obligando al resto del mundo a mirarnos. Habían visto las películas distópicas: en primer lugar, los neoyorquinos no pueden salir de la isla. A continuación, se cuelan en el Radio City Music Hall y tienen relaciones sexuales sobre el escenario. Luego se comen unos a otros. Así que, por el amor de Dios, actúa en consecuencia. Queríamos que los forasteros apreciaran lo difícil que era vivir en espacios reducidos con tantas adversidades ineludibles. El milagro de la vida en Nueva York nunca ha sido la supervivencia, sino la experiencia, las historias individuales que se funden en una colectiva. Queríamos que los demás se horrorizaran con este daño a nuestra esencia, que se inquietaran por las carpas que empezaron a emerger en carriles para bicicletas, Times Square vacía a niveles *Vanilla Sky*, el Empire State Building parpadeando en rojo como un latido (o una señal de socorro), mientras telegrafiaba simultáneamente que ¡no! Solo a nosotros se nos permitía tener miedo. Nueva York no está «acabada», amigos que solo estáis cuando todo va bien. Id a ser melodramáticos a la televisión de otra persona. Dejad de mirar. Mandad flores.

Al menos sentí que se me había dado permiso para dejar que la depresión se acurrucara y durmiera a mi lado. Había dedicado mucho tiempo a negociar con la pérdida, un tiempo que todo el mundo asumió que estaba usando para lo que los monitores de *fitness* llaman «recuperación activa». Por lo menos, ahora no me sentía desfasada respecto al estado de ánimo de la ciudad. Así es, poneos todos a mi nivel. Observad todos la alcachofa de la ducha con desprecio. En su libro fundamental sobre el suicidio, *Night Falls Fast*, del que Russell llevó la campaña publicitaria, Kay Redfield Jamison escribe: «El horror de la depresión profunda y la falta de esperanza que lo acompaña son difíciles de imaginar para quienes no los han experimentado. La desesperación, al ser privada, se resiste a una descripción clara y convincente». Siempre será un desafío ilustrar la depresión (está tristemente carente de argumento, como «una tormenta de oscuridad», como la apodó William Styron), pero un acontecimiento depresivo en masa tiene ventaja sobre esta verdad.

En Manhattan teníamos palcos para ver la sangre que drenaba. Los muros de contención de Xanadú estaban en nuestro patio trasero. Los despoblados Strawberry Fields y las hileras de coches de policía aparcados en doble fila en el exterior de la sede de Naciones Unidas (¿era un buen momento para un ataque terrorista?). El sonido de los anuncios del metro, flotando entre las rejillas. Las mismas estaciones empezaron a parecer falsas, como una maqueta de una ciudad. Por primera vez pensé en Manhattan como una isla. Siempre lo había sabido. Su estatus geológico no era un secreto. ¿Cómo creía que había llegado aquí? Pero mientras caminaba por sus límites, mi incapacidad para sumergirme en el agua y nadar se puso de relieve de una manera muy clara. Los edificios famosos parecían casi orgánicos. Se alzaban desde el suelo, pero no servían para nada, como si una roca pudiera adquirir la relevancia del edificio Chrysler en una isla desierta. Alguien había construido el edificio Chrysler. Esa bailarina en la silueta de nuestra ciudad, nuestra prueba de buen gusto. Qué demencial. Alguien lo había diseñado, reunido los materiales y decidido: «Esto va a ir aquí. La gente entrará». Y la pregunta ahora es la siguiente: ¿por qué y para qué?

Hace unos años me obsesioné con la idea de escribir un artículo sobre los sueños lúcidos. Me gustaba la perspectiva de poder hacer que apareciese un puesto de limonada en medio de una pesadilla, aunque no creyese que fuese posible. Mi propuesta fue universalmente rechazada. Al parecer, «la gente sueña» no es un gancho informativo. Sin embargo, mientras buscaba un nuevo enfoque llamé al experto en la materia más importante del mundo, un profesor de Stanford, y le hice algunas preguntas preliminares a su ayudante. La mayoría de los periodistas consideraban los sueños lúcidos una seudociencia, y esta ayudante estaba hasta las narices de atender llamadas de personas escépticas como yo. No pasé de la puerta, pero nunca olvidaré con qué naturalidad se refería a la realidad como «vida despierta». No «conciencia» ni «día», o simplemente «vida», sino un estado a la par de los sueños. Pensé mucho en esa conversación durante aquellas primeras semanas de primavera, cuando lo único que hacía que mi vida fuera vida era que estaba despierta para ella.

Russell y yo éramos parecidos en el hecho de que nuestro apego al lugar de donde veníamos era escaso, puesto que había sido sacrificado en el altar de la lealtad urbana. Russell se desprendió de su ciudad natal de forma deliberada, llegó a Nueva York como uno más de los refugiados *queer* de la ciudad. Yo me desprendí de la mía porque es lo que me enseñaron a hacer como niña de las afueras: mirar a Nueva York, anhelar Nueva York, sentirse definida por Nueva York e inferior a ella. Los números eran distintos, pero la conclusión era la misma. No es que haya motivos erróneos para venir a Nueva York (aunque hay muchas polémicas de deserciones cuestionables), pero, en la jerga de los *reality shows*, Russell estaba aquí por los motivos correctos. Llegó para el desfile, con su colección de revistas *Playbill* apiladas junto a los libros. Una muestra de su consumo cultural durante los meses antes de su muerte: dos espectáculos de danza, cuatro películas, producciones de *Porgy y Bess*, *Merrily We Roll Along*, *La traviata*, *Ain't Too Proud: The Life and Times of the Temptations*, *High Button Shoes*, *Hadestown*, *Burn This*, *Lady in the Dark*, *White Noise* en el Public Theater, *El Mesías* de Händel en el Carnegie Hall y *Call Me Madam* en el City Center («bastante buena, incluso sin Ethel Merman»). Todo esto en una persona que asistió a un evento literario a la semana durante veinte años.

«Nos contamos historias para poder vivir...» De este modo empieza el pasaje aprovechado hasta la asfixia de *The White Album* de Joan Didion. El texto continúa así: «Buscamos el sermón en el suicidio». Si tenemos que encontrar un sermón en lo que le ocurrió a Russell es que necesitaba que le explicaran historias para poder vivir. Abordaba su vida a través de la lente de la ficción. Era la manera como dividía el mundo entre villanos y víctimas, como diagnosticaba a las personas más cercanas a él, como se diagnosticaba a sí mismo. No era el primer hombre gay en Nueva York con afinidad con el espectáculo, pero su adicción no solo servía como complemento para la vida, sino también, demasiado a menudo, como reemplazo de una historia propia. Era su forma de escabullirse de la ardua tarea de reconocer sus propias zonas grises, enmarcándolo todo a través de *Carmen* o *Tosca*. A saber: nunca le gustaron los museos. Toda la humanidad, ninguno de los seres humanos. Avisadlo cuando los cuadros empiecen a acostarse unos con otros.

Una vez lo llevé a un bar de mala muerte, cerca de la terminal de autobuses de la Autoridad Portuaria de Nueva York, con un pasadizo secreto que llevaba a un bar un poco menos de mala muerte. Vio un vial de cocaína vacío en el suelo, me cogió la mano y empezó a darles vueltas a mis anillos. Le dije que se estaba comportando de una forma ridícula.

—¿En serio? —preguntó.

Sin embargo, cuando salimos al segundo bar, la cara de Russell se iluminó. Se estaba celebrando una noche de los «locos años veinte».

—¡Esto parece *The Skin of Our Teeth*! —anunció.

Asistí a mi primera ópera con Russell a la edad de 26 años, cuando me llevó a ver *La bohème*. *La bohème* tiene una estructura fácil de seguir. Cuatro artistas muertos de hambre distraen a su casero de sus pagos atrasados del alquiler sacándolo de la ciudad. Sin embargo, uno se queda en casa. De repente, llaman a la puerta. Es la guapa costurera que vive al final del pasillo, que necesita fuego para su vela. Así comienza un romance condenado al fracaso (ella tiene tuberculosis, él la deja, vuelven a estar juntos, ella termina muriendo).

Durante la representación consulté de forma obsesiva los subtítulos que había en el panel frente a mí. Puede que *La bohème* sea sencilla, pero también tiene un personaje que toca el violín para el loro de un hombre rico. Esto no es algo que hubiese captado en italiano.

Russell no paraba de mover la mano sobre mi pantalla y de negar con la cabeza.

—Puedes ver la televisión en casa —susurró.

—No estoy viendo la televisión —dije, apartándole la mano—. Estoy leyendo.

—Puedes leer en casa.

Luego señaló al escenario y dijo, en su mejor tono *Cuando el destino nos alcance*:

—¡Personas! ¡Son personas!

Las películas llegan incluso a embellecer una Nueva York sin personas. Todos esos recorridos furtivos por el Metropolitan Museum y el Yankee Stadium. Imprégnate, novato. Tu futuro es brillante. Algunos momentos compartían este tono: ¿te gustaría tener tu propio vagón de metro? Tu carruaje te espera. ¿Qué tal esa vista despejada de cualquier cosa? Saluda a ese halcón, posado en una señal de *stop*. Sin embargo, si el momento se alargaba, se volvía amargo. Una de las citas favoritas de Russell era «prefiero llorar en la parte trasera de un Rolls-Royce que ser feliz sobre una bicicleta», la cual insistía en atribuir erróneamente a Elizabeth Taylor (es de Patrizia Reggiani, la exmujer de Maurizio Gucci, cuyo marido fue asesinado). Sin embargo, ahora la cita no tenía dónde aterrizar. ¿Qué haría alguien con un Rolls-Royce en Manhattan salvo venderlo o aparcarlo en la calle y apoyarse en el claxon?

No me sentía «mimada» por la escasez de Nueva York. Sentía una inercia amenazadora, como si mi vida se hubiera petrificado en cenizas. Y como toda la ciudad se sentía igual, no había salida. En su ensayo fundamental sobre la pérdida, *Duelo y melancolía*, Freud escribe: «Si ocurre la melancolía cuando esperaríamos un duelo, sospechamos una posición patológica, pero generalmente no consideramos el duelo como algo patológico, sino que esperamos superarlo después de un tiempo». Como no sabíamos cuándo terminaría la pandemia, solo que empeoraría, no sentía que la depresión fuese algo que tuviese que superar o quitarme de encima; parecía algo sisífico.

Este sentimiento no se correspondía con la caótica historia visual y cinematográfica de Nueva York. El telón de fondo de la ciudad sigue ahí incluso cuando los actores no están. Tenemos todos esos escenarios concretos que acogieron *Los amos de la noche (The Warriors)*, *Haz lo que debas*, *West Side Story*, *Cowboy de medianoche*, *Las noches rojas de Harlem (Shaft)*; Michael J. Fox encogido en una cabina telefónica, Bob Dylan en Jones Street, los Beastie Boys en Rivington, Nan Goldin en Stonewall, Jane Fonda y Donald Sutherland en el exterior de Central Park, Alfred Stieglitz en Midtown, el enjoyado paseo de la vergüenza de Audrey Hepburn, Jason Alexander empujando una vieja máquina de videojuegos Frogger en medio del tráfico, Chloë Sevigny pateando un perro en el Upper East Side, Griffin Dunne esprintando por el Soho, *Wild Style* en el Bronx, Eddie Murphy en Wall Street, Madonna en el exterior del Love Saves the Day, Andy Warhol y Edie Sedgwick saliendo de una alcantarilla en la calle 58, Al Pacino en Needle Park, Al Pacino en el exterior del St. Regis, Al Pacino en Minetta Street, Al Pacino en Tudor City, Al Pacino gritando «¡Attica!». Estar deprimida entre estas historias es un recordatorio de que no te estás aislando del mundo, sino que el mundo te ha abandonado.

En lugar de dormir, hacía cosas como correr por la columna vertebral de la Quinta Avenida al amanecer, donde no veía ni un solo coche. Mientras planeaba el funeral de Russell había fantaseado con cerrar la Quinta Avenida durante una hora. «Una.» No todas. Incluso si hubiese visto algún coche, nos habíamos acostumbrado a desviarnos de su camino a nuestro propio ritmo. Por su parte, los coches permanecían alerta. Se había llegado a un consenso: no estábamos soportando toda esta mierda para acabar atropellados en un paso de cebra. Daba vueltas por la calle, pero, incapaz de alcanzar las cotas disociativas necesarias para olvidar las circunstancias que me habían llevado allí, terminaba riéndome de mi propio reflejo en los escaparates. ¿Cuántos minutos pasarían hasta que estos escaparates reflejasen otro rostro? ¿Cuánto tiempo hasta que me dolieran los pendientes al volver a ponérmelos? ¿Qué me impedía depilarme solo una pierna? Puede que no tuviese pareja, pero tenía el control de mi vida.

A veces me sentía sola, otras simplemente estaba sola. Este es el tipo de distinción que la gente hace después de las rupturas, como si la soledad fuera lo que te pasa al no lograr estar sola. Estos estados se encendían y se apagaban cuando estaba entre dos relaciones; a veces tomaban la forma de flechas de dolor, a veces de puro aburrimiento a medida que avanzaban, contenta de saber que, por lo menos, una de las partes había tomado una decisión sabia. Sin embargo, la jerga del empoderamiento parecía fuera de lugar, compuesta por fantasías del pasado: ¿cómo habría sido que alguien me ayudase a frotar el polvo para las huellas dactilares de las láminas del suelo la noche del robo? ¿O una mano en la espalda cuando lloraba por Russell hasta que me dolía la mandíbula? Si Russell no hubiera muerto, quizá estaría en Connecticut, oyéndolo caminar de un lado a otro delante de mi habitación hasta que yo saliera.

Puede que la ansiedad fuese una manta, pero la tristeza era un cuchillo.

En algunas ocasiones, me imaginaba un universo plegado en el que la pandemia y el robo se superponían. El robo no habría ocurrido. Simplemente no habría pasado. Apenas salía de casa, lo cual favorecía una cierta clase de robos (robaban paquetes con tanta regularidad que llamar a UPS se convirtió en parte del proceso de entrega), aunque complicaba mucho los allanamientos de viviendas. En el informe policial, encajado entre el recuadro de «fecha del incidente» y el de «relación doméstica», había un recuadro llamado «nombre de la banda».

¿Cómo funcionaría eso ahora? ¿Una banda socialmente distanciada?

Sin embargo, nunca iba a haber una versión de la historia en la que no existieran las joyas desaparecidas y mi amigo muerto. Puedes ignorar el duelo. Puedes apartarlo. Pero no puedes deshacerte de él.

Una noche, alrededor de las tres de la mañana, busqué el nombre de Russell en mi teléfono. Pensé que podría revisar nuestros mensajes sin sufrir demasiados daños psicológicos. Había hecho lo mismo últimamente viendo vídeos de él cuando era más joven en YouTube, de pie detrás de tarimas, presentando a autores. Es evidente lo poco natural que le resulta ser tan formal y, aun así, lo mucho que se deleita en compañía de personas que son suficientemente dignas de ser grabadas. O reproducía uno de los vídeos que tenía de nosotros dos en el exterior de un *leather bar* en Chelsea, con él negándose a dejarme entrar. Su voz me resultó reconfortante. No debí haber pasado de los vídeos.

Me desplacé hacia abajo hasta leer mensajes de 2018. Ese verano hubo unos cuantos suicidios de perfil alto en Nueva York. Kate Spade se ahorcó en su piso. Tres días después, Anthony Bourdain murió de la misma forma en un hotel de Francia. El año anterior, Jean Stein, autora de la querida *Edie* de Russell, saltó desde la quinta planta de su ático en el Upper East Side. Se podría pensar que el tiempo cálido se traduce en un descenso del número de suicidios, sin embargo, es al revés. Los científicos han especulado sobre los cambios bioquímicos o factores como un mayor acceso al aire libre, pero seguramente no necesitamos a los científicos para esto. La variable del estado de ánimo es demasiado grande. Es oler lilas a través de una mascarilla lo que nunca te puedes quitar de encima.

Y entonces llego a Jeanine. El 17 de junio de 2018, Jeanine Pepler se ahorcó en su casa. Jeanine no era famosa. Era una de nosotras, una publicista, solo que era autónoma, lo cual significaba una mayor variedad de proyectos. Representaba marcas de vodka, además de libros. Trabajamos estrechamente con ella durante unos meses en 2004 porque era el vigésimo aniversario de *Luces de neón* y Jay McInerney era uno de sus clientes. Organizamos una fiesta en el Odeon entre los tres. Jeanine se aseguró de que no pareciera que las invitaciones habían salido de una fotocopiadora de una editorial. La fiesta coincidía con el fin de semana de Halloween, lo cual explica por qué mandó esculpir una calabaza gigante con la foto de portada de la novela, las Torres Gemelas iluminadas desde dentro.

Page Six publicó la noticia de su muerte. Le escribí un mensaje a Russell, que me llamó enseguida, pero yo estaba en un avión, a punto de despegar. Entonces lo intentó por un medio distinto:

«Lo he visto», escribió.

«Terrible», escribí.

«La muerte es tan definitiva...»

Me iba a pasar el fin de semana fuera de la ciudad porque acababa de atravesar una ruptura y, aunque ya no tenía novio, sí tenía un depósito no reembolsable en un hotel en Miami. Cuando aterricé, me dieron la bienvenida dos nuevos mensajes de Russell:

> Hagamos un trato: no te mates sin tener mi aprobación primero. Yo haré lo mismo.

> Hagamos un trato: no te mates sin tener mi aprobación primero. Yo haré lo mismo.

Me estremecí ante la repetición antes de darme cuenta de que era un efecto colateral de las redes móviles poniéndose al día.

«Hecho, pero me parto con la idea de que tú me dieses tu aprobación», escribí.

> Primero tendría que escuchar tu argumento a favor.
> Sería justo.

> Tendría que vivir solo para fastidiarte.

> Lo mismo digo.
> Supongo que ambos vamos a vivir para siempre.

Tiré el teléfono fuera de la habitación.

Grand Central siguió abierta durante la pandemia, tenía que hacerlo. Así que, cuando nos soltaron, decidí hacerle una visita. Por mucho que aborreciéramos la visión de nuestros propios techos, si no la teníamos significaba que carecíamos de ellos. Esto también contribuyó a la sensación de isla desierta de Nueva York: tienes tu choza de barro, tal vez otra choza de barro, y luego el exterior. No quería ver solo el techo de otra persona, sino «el» techo.

Pasé por debajo de la gigantesca bandera estadounidense mientras avanzaba por la pendiente hacia el vestíbulo principal. Había un hombre con una escoba que no estaba acumulando muchos residuos. También había algunos rezagados, entre ellos una mujer con turbante corriendo para coger un tren. Después de meses viendo a la gente hacer *footing* solo por salud, era extraño ver a alguien correr. Pero ¿hacia dónde? Eran las 6.45 horas. Ninguno de nosotros tenía un sitio adónde ir. Esa era la premisa global. Llevaba un vestido, un bolso bandolera agitándose detrás de ella. Como Moisés con tacones, cortó el aire. Pensé en la escena de *¡Olvídate de mí!*, en la que Jim Carrey y Kate Winslet corren por la terminal mientras la gente desaparece a su alrededor. Puf. Puf. Puf.

Los dispensadores de latón en el puesto informativo seguían abastecidos de horarios en papel. Saqué uno azul del paquete. Las opciones parecían de otro siglo. Aun así, memoricé un número de vía, pasé bajo una de las arcadas, entré por una de las puertas medio abiertas del tren y me acomodé cerca de la ventana. En la pared divisoria había un anuncio de una empresa de colchones garantizándome el mejor sueño de mi vida.

Empecé a llenar de gente los asientos vacíos del tren. La mujer que regentaba mi tintorería antes de que la pandemia la forzara a cerrarla. La puse al otro lado, sosteniendo su preciada fotografía de ella y Woody Allen en el regazo. Woody Allen nunca había vivido en mi barrio. Qué estaba haciendo en mi tintorería es algo que se me escapa. Detrás de ella senté a un violonchelista al que conocí cuando yo tenía poco más de 20 años, y él, más de 50. Me invitó a un concierto sinfónico y en el intermedio me habló de su divorcio. Nunca volvimos a hablar. Junto a él coloco al tipo al que conocí en el Lit Lounge. Me hizo un cumplido sobre mi jersey y especuló con que yo «no salía con negros». Cuando le pregunté si esa era su forma de tirarme los tejos, dijo: «Por supuesto que no». A su lado pongo al detective, mi viejo amigo, que estaba absorto en su corbata. Frente a mí pongo a la mujer con quien tuve un encontronazo en el YMCA a los veintitantos. Me acusó de colarme cuando esperábamos para usar una cinta de correr. Cuando me disculpé, se dio la vuelta y dijo: «Aléjate de mí, ¡seguro que copias en los exámenes!». Es algo agridulce que te acusen de ser mala persona y a la vez te confundan con una estudiante universitaria.

Al final solo quedaba un asiento libre.

Hacía meses que no percibía la presencia de Russell, como si pudiese hablar con él. Pero ahora podía sentirlo allí, a mi lado, incluso el olor de su bandolera de cuero.

—Hola —susurré.

Él sonrió, lo cual me tomé como una invitación a hablar. Le expliqué que la ciudad no era la misma sin él, lo cual era cierto, pero solo por casualidad. Esto pareció confundirlo. Entonces me di la vuelta completamente para encararlo, doblando la rodilla.

—Vale, ha ocurrido algo malo...

Le conté que había intentado pensar en él como si fuera un copo de nieve muerto en la ventisca que había cubierto la tierra, una ventisca que ahora había empezado a bajar también a la ciudad. Le conté que había intentado mezclar su muerte con las demás para que doliese menos. O doliese diferente. Como darle a un perro su pastilla untada con mantequilla de cacahuete. Salvo que yo era el perro. Él sonrió, pero no dijo nada.

—No habrías sobrevivido a esto, ¿verdad?

Negó con la cabeza.

—Eras muy infeliz.

Asintió, pero no habló.

—¿Por qué no me lo dijiste?

Suspiró, como si después de todo este tiempo yo ya tuviese que saberlo.

—Estoy cansada —dije, apoyando la sien sobre su hombro.

Tal vez el insomnio me había estado haciendo un favor, porque cada vez que conseguía dormir, en forma de siesta después de comer, tenía una pesadilla recurrente. Cada vez, una persona amada distinta se suicidaba. Cada vez, me pasaba lo que duraba el sueño intentando evitarlo. Pero nunca llegaba a tiempo. La leyenda urbana dice que si mueres en sueños, también mueres en la «vida despierta». No hay nada en el reglamento sobre qué es lo que pasa si son otras personas las que mueren.

—¿Qué te haría feliz? —pregunté—. ¿Quieres ir a casa?

Si te quedabas en este tren durante varias horas, más allá del hospital donde nací; más allá del Bronx, donde vivía mi abuela maja; más allá de Scarsdale, donde vivía mi abuela malvada; más allá de White Plains, donde aún viven mis padres; más allá de Mount Pleasant, donde el cementerio llega hasta la vía, hasta la última parada, llegabas a una pequeña estación cerca de la frontera con Connecticut. Aquí es donde Russell y su pareja me recogían. Hay un psiquiátrico abandonado frente a la vía. En el pasado había sido una institución importante del Estado de Nueva York para las lobotomías frontales.

Russell negó con la cabeza. Dio un repaso al vagón de tren. Yo miré con él.

Quería gente.

—Oh. Vale.

Entonces creé una historia para nosotros. Representé una ópera con palabras que yo no podía entender, pero él sí. Me imaginé los dramas entre actores. Quizá el divorciado de 55 años convence a la mujer del gimnasio de que está preparado para iniciar una relación romántica, pero está despechado y le rompe el corazón. Tal vez la mujer de la tintorería descubre algo que no debería haber visto en el bolsillo de una chaqueta, algo comprometedor, y llama al detective, que incrimina al tipo del Lit Lounge porque, incluso en la fantasía, es un detective pésimo. Imaginé los desmayos, el fantástico escote, el llanto exagerado.

El sonido de una campana interrumpió la ópera. El tren al otro lado de las vías cerró sus puertas, avanzó pesadamente y desapareció. Cuando miré de nuevo a mi alrededor, todo el mundo se había desvanecido excepto Russell, que estaba de pie echándose la bandolera al hombro.

—No te vayas —le dije—. Estás muerto. ¿Por qué tienes tanta prisa?

Se inclinó y me besó la mano, dándole la vuelta. Buscaba el anillo de cúpula verde.

—Con eso no puedo ayudarte. Créeme, lo he intentado.

Frunció el ceño, sacando el labio inferior.

—Pero tengo esto.

Alrededor del cuello tenía un relicario que me había comprado para Navidad. Mi selección fotográfica era limitada: tenía que ser una copia física de la cabeza de Russell y tenía que encajar. No disfruté del tufillo a asesino en serie del proceso de corte, pero recorté donde tenía que recortar. Esa primavera lo llevé como si tuviese una cámara escondida en el interior. Lo inclinaba hacia las cosas que quería que él viera. «¡Mira esos árboles en flor! ¡Mira qué bonitos!». Lo había convertido en joya y a la joya en él. No parecía impresionado.

—Oye, ¿puedo hacerte una pregunta?

Se encogió de hombros.

—¿Estoy soñando? Sé que es una tontería preguntar esto, pero me parece que tú podrías saberlo.

No dijo nada.

179

Se dio la vuelta y salió del tren, diciendo adiós por encima del hombro con una mano.

Los pensamientos entraban y salían en oleadas. Me imaginé cogiendo ese tren hasta casa. Podría irme ahora mismo. El hogar nunca ha sido un santuario para mí. La casa es compacta, las relaciones que hay dentro, complicadas. No obstante, podría sorprender a mis padres con un desayuno en el porche, y mi madre, aunque no me hubiese visto en meses, se quejaría por no llevar nada de maquillaje. Compartir un taxi con un desconocido durante una pandemia no sería ideal, pero siempre podría ir caminando desde la estación. Tardaría una hora. Lo hice una vez, de adolescente, cuando perdí la cartera. Había discutido con mi padre y me negué a llamarlo para que me recogiera. En ese momento parecía un planteamiento arriesgado, pero enseguida se convirtió en todo lo contrario. Se volvió un paisaje de consultas de dentistas y tiendas de comestibles, de iglesias y casas de dos plantas, y de campos de la Little League.

Cuando te mudas a Nueva York desde los suburbios de Nueva York, no te vas de casa: un día te levantas y ya te has ido. Este traslado seguramente parece envidiablemente fluido para quienes crecen conociendo la ciudad desde el exterior, pero la falta de definición finalmente nos termina alcanzando. Debemos elegir hacer de esta nuestra historia. Debemos recitar los votos, en la salud y en la enfermedad, hasta que la muerte o Hollywood nos separe. Debemos decidir si la ciudad merece las pruebas a las que nos somete. Es un proceso por el que pasaron hace muchos años nuestros amigos y vecinos, que tuvieron que empacar toda su vida para poder estar aquí. Este momento es inesperado, pero cuando ya está hecho, ocurre una transformación. El lugar de donde somos y lo que llamamos hogar pueden, al fin, separarse. Es como cambiar las plantas de maceta. Terminamos no solo resignados, sino también llenos de orgullo por el desfile interminable de desventajas de la ciudad, por los tormentos que nos moldean. Por la familia que nos dio. Por la familia que se llevó.

Un revisor golpeó el techo para llamar mi atención. Me incorporé en el asiento, desorientada, pero despierta.

—Señorita —dijo («¡señorita!», Dios bendiga estas mascarillas)—, este tren no sale hasta dentro de una hora. ¿Se queda o se va?

Y me puse de pie.

Parte V

LA TIERRA VERTICAL

(Después)

Años más tarde, estaré en una fiesta en Los Ángeles, una fiesta que detestarías, y una mujer empezará a jugar con el relicario. No me importa. La gente toca las joyas. Es una forma de intimidad. El modo en que acercamos el lóbulo de la oreja de otra persona hacia nosotros o tiramos de sus dedos son gestos que revelan el ladrón dormido que todos llevamos dentro. Un relicario es una clase de invitación única, que comparte más ADN con un tatuaje que con un collar. Pero de repente oiré a la mujer diciendo: «¿Y quién es este chico?». Miraré hacia abajo y me quedaré absolutamente atónita. Ha abierto el relicario. Con mi cuello a una distancia muy corta de ella, está examinando su descubrimiento.

No he mirado esta versión de tu cara desde que te corté la cabeza con unas tijeras de cocina. Tienes el pelo muy corto, la mandíbula más definida de lo que recuerdo. Le digo la verdad a la mujer: eres un amigo y estás muerto. Una información que le hubiese ofrecido con gusto sin la parte interactiva de la conversación. La tentación de decir más, de usar tu suicidio para darle una lección de modales, es fuerte: no hagas preguntas cuya respuesta no quieres conocer. No vayas por ahí tocándoles el pelo a otras personas ni la barriga a las embarazada ni abriendo relicarios. ¿Y si la hubieses reprendido? Simulo una distracción y llego al espejo de un baño.

¿Estás bien? Sí, estás bien. Estás bien. Todo va bien.

En la fotografía tienes 44 años. Mi edad.

Está empezando. Te estoy alcanzando.

Al mirarte a los ojos por primera vez en tanto tiempo, pienso que hay una última cosa que deberías saber. Algo del principio. Quizá ya lo sabes.

27 de agosto de 2019. Un martes. La selva amazónica arde. El mundo aún no lleva mascarilla. La gente pasea por el barrio, quejándose por teléfono, haciendo planes para la noche. Yo estoy sentada en la puerta de entrada, hablando contigo en mi cabeza: «Me has arruinado para siempre el cumpleaños haciendo una tontería como esta la misma semana. ¿Cómo has podido?». Sonrío y me paso los dedos por la cara. «¿Qué voy a hacer sin ti?»

En el interior del restaurante han enmarcado prematuramente las ventanas con pequeñas luces blancas. Hay un hombre calvo en tu silla, riéndose entre bocados. Solo hace un mes que te has ido y aun así ya siento que me estoy regodeando. Este es un proceso de pensamiento ingenuo, una verdadera mala interpretación del tamaño del mapa. Todavía no me doy cuenta de que se desarrolla poco a poco. Solo sé que quiero alejarme todo lo posible del peso de esta pena. De contar la historia de tu muerte y entenderlo todo mal. No estoy lista para aceptar nada, para enfrentarme a nadie. Tal vez por este motivo he decidido que necesito, como nunca he necesitado nada en mi vida, saltar de un precipicio.

Y no de cualquier precipicio. Tengo uno en mente.

Escondida en la costa este de Sídney hay una pared de roca que sobresale once metros sobre el puerto. Es difícil hacerse una idea de cómo se percibirán once metros desde arriba exactamente, pero si dejaras caer un libro al agua, tardarías un poco en volver a verlo. El acantilado no aparece en las guías turísticas. Se accede a él caminando por unos bosques, saltando una valla y curioseando hasta que veas una señal de advertencia del tamaño de una tabla de quesos. Siendo las leyes físicas más una sugerencia que una regla estricta para los australianos, el cartel presenta una sola línea de texto: SE HAN PRODUCIDO LESIONES GRAVES EN PERSONAS QUE HAN SALTADO DESDE ESTE ACANTILADO. ¿La lesión ocurre «en» una persona o «a» una persona? Bueno, esa no es la pregunta del momento.

Conozco el acantilado porque hace una década intenté saltar desde él (y no lo conseguí). Me invitaron al mismo festival literario en Melbourne y, como no iba a viajar a Australia para un fin de semana, agregué una parada en Sídney.

Cuando viniste a mi piso la última noche que te vi, no podías entender por qué iba a volver a Australia si no era absolutamente necesario. El simple hecho de aterrizar en un lugar que no era lo suficientemente distinto a Estados Unidos era un engorro. No era, usando tu palabra, «Francia». Me encogí de hombros. Es emocionante que te convoquen. Tú has vivido tu vida rodeado de autores cuyas novelas estaban cubiertas de adhesivos brillantes de los premios que habían recibido cuando no las estaban quemando. El mundo entero jugaba al tira y afloja con su tiempo. Sin embargo, la única otra ciudad a la que había volado, en la que me habían pagado y que había inmortalizado en forma de póster promocional era Wichita Falls, en Texas. Wichita Falls alberga «el rascacielos más pequeño del mundo». Tiene doce metros de altura. Entonces, supongo que imagino que intento saltar de un rascacielos muy pequeño y que no lo consigo.

Pregúntame de nuevo. Pregúntame de nuevo, ahora que estás muerto, por qué volvería a Australia si podía librarme de hacerlo: precisamente porque tú estás muerto. Una parte de mí tiene el mismo proceso mental que cuando me dijeron que te habías matado (así fue como me lo dijo tu marido; la semántica no era su prioridad): si sigo el plan, tal vez todo irá bien. Sin embargo, en realidad es porque pienso que este viaje, paradójicamente, me acercará a ti.

Cuando los policías se paseaban por mi sala de estar la noche del robo, tenía que ir recordándome a mí misma que los había invitado a entrar. Responder preguntas tontas durante esas horas vitales era como si me hubiesen pedido que recitara un cuento de hadas en medio de una persecución en coche. «No, no sé cuánto tiempo llevo viviendo aquí, y sí, puede que dentro de un año me haya ido.» «¿Lo dejamos todo mientras busco mi contrato de alquiler?» Tuve una sensación muy nítida de que estas personas se estaban interponiendo en mi camino. Los únicos que contábamos éramos el ladrón y yo. Era casi romántico: un matrimonio sellado con carbono, un novio a la fuga. Pasa lo mismo contigo. No importa cómo otras personas han llegado a enterarse de tu suicidio, da igual si se lo he dicho yo; parece que no soy capaz de encontrar un momento a solas contigo. Es la sensación de estar en una multitud, inclinándote para ver un cuadro famoso. Esta multitud está formada por personas que conoces, pero también por personas que no conoces. Yo tampoco las conozco. Pero están ahí. Cada día se recuerda a nuevas personas, cómo están conectadas contigo, cuándo podrían haber coincidido en la misma sala contigo, dónde podrían haber leído tu nombre. Buscan en sus bandejas de entrada, evaluando su cercanía a la tragedia, y siguen adelante.

Necesito alejarme lo máximo posible de ellos, a un lugar donde no puedan proliferar nuevas personas. Un lugar libre de asociaciones, donde nunca hayas estado. Y cuando llegue allí, necesito mirar hacia un abismo. Ver una parte de lo que tú viste.

Dado mi delicado estado mental en agosto de 2019, mis amigos expresan preocupación cuando les digo que quiero saltar de un precipicio.

No tengo la intención de conmocionarlos. Nada que tenga que ver con este periodo requiere un estilo narrativo extra. Mi idea es solo experimentar con un poco de humor negro, del tipo de «tengo una cuerda suficiente para colgarme» (¡ja!). Intento tranquilizarlos con algo de contexto: durante aquel primer viaje a Sídney estaba sentada sola en un bar, leyendo un libro, cuando me hice amiga de una mujer llamada Bec. Se había criado en el Queensland rural. Uno de sus primeros recuerdos era encontrar un lagarto de cuello con volantes paseándose por su bañera. No temía a la naturaleza. Un verano, al terminar la universidad, después de mudarse a Sídney, Bec y sus amigas se toparon con el acantilado y se retaron unas a otras a saltar. Mientras me estaba contando esto, dejé el libro a un lado y pensé: «Tengo que conseguir que esta mujer me lleve a una cornisa y me empuje». Después de todo, ¿para qué estamos en este planeta si no es para llevarnos a sus límites?

Esta es la clase de preguntas locas que Australia te invita a hacerte.

La mañana siguiente, las dos nos quedamos petrificadas como gárgolas, el viento azotando el puerto gris con vendavales intratables. Durante el invierno puedes impulsarte hacia este estucado líquido solo con la marea alta, pero con marea alta no hay manera de calibrar la topografía de las rocas. Además, lanzarse directamente hacia el puerto desde esa altura implica un enema gratis. Por otro lado, el acantilado está ubicado en una sección del puerto llamada, no en vano, Shark Bay (bahía de los Tiburones). Al final ninguna de las dos saltamos. Volvimos al Park Hyatt en coche, nos sentamos en el vestíbulo con nuestros trajes de neopreno secos y pedimos unos martinis.

De alguna manera, esta historia no alivia la preocupación de nadie.

Entonces empiezo a mentir. No debería saltar de acantilados. De acuerdo. Saltar no eliminará las veces que no salté. Ni te traerá de vuelta. También es una forma potencialmente humillante de morir. Iré a Melbourne y volveré directa a casa. Tenemos un funeral que organizar y no es el mío.

Reservo un billete de 60 dólares a Sídney y no se lo digo a nadie.

En realidad, se lo digo a una persona.

Me responde al mensaje: «Tu traje de neopreno sigue colgado en mi garaje».

Si en el verano de 2019 me hubiese sentido como me siento ahora, no habría ido a Sídney de nuevo. No es porque estuviese loca en 2019 y ahora no lo esté. No creo que estuviese especialmente loca entonces ni tampoco me siento particularmente cuerda ahora. Quienes piensan que estoy curada no están mirando con suficiente atención, y quienes pensaban que estaba loca de atar tampoco estaban mirando con suficiente atención. Aunque ¿quién no estaría agradecida por que pensaran en ella? «Solo hay una libertad, la de aceptar la muerte. Después de eso, todo es posible», escribió Camus. Por ahora la he aceptado. Más bien tu suicidio me ha hecho aceptarla. «Tu suicidio.» Como si te perteneciese. Como si lo hubieses rescatado de un mercadillo. «Tu suicidio.» Una forma de muerte tan aterradora que se la devolvemos a los muertos tan pronto como sucede, soltándola como si fueran brasas.

Pero sigo echándote muchísimo de menos. Los años no han servido para atenuar la pérdida. ¿Recuerdas aquella vez que un autor nos dio unas sesiones de acupuntura? Las tuyas se desarrollaron sin incidentes, pero yo no fui consciente de lo quieta que debía estar. Giré la cabeza a media sesión. Parecía que me habían dado un puñetazo en la columna.

—Solo es el dolor que abandona el cuerpo —dijo el acupuntor—. No tienes que aferrarte a él. Ya ha pasado.

Me dolió el cuello durante una semana.

Así es tu muerte. Un dolor constante. Es un esfuerzo muy grande evitar atribuirte todas las decepciones, dejar de castigar a otras personas por no ser tú, dejar de tratar tu suicidio como un accidente extraño, privarte del control cuando solo quería aliviarte de la culpa. ¿Cómo te mantengo enterrado y conmigo al mismo tiempo? Este es el enigma más grande de todos.

Cuando se anuncie la existencia de este libro en redes sociales, personas desconocidas responderán diciendo que sienten la muerte de mi amigo. Estoy desesperada por preguntarles: «Entonces coincides, ¿no? ¿Coincides en que está muerto? ¿Por qué compartirías este emoji de un corazón roto si no estuviese muerto? ¿Cómo es que sabes al instante lo que a mí me ha llevado todas estas palabras saber?». Siento que no puedo tener una interacción con una persona nueva, una persona a quien habrías adorado, sin preguntarme si estoy conociendo a la amiga que necesitabas. ¿Es esta la persona por quien habrías vivido solo un poco más? ¿Es esta la persona que podría haberte mostrado cómo seguir adelante? ¿Y si yo no era la amiga apropiada para ti? ¿Y si todos éramos las personas equivocadas para ti?

Bec sale corriendo de su casa, descalza, para recibirme. Le digo que está exactamente igual y me devuelve el cumplido. En su caso es cierto de un modo que va más allá de la hidratación. Bec es una persona juvenil, del tipo que se hace amiga rápidamente de estadounidenses pasajeras. Dos hijos y diez años después dice que sigue dispuesta a saltar.

Su marido estará fuera esta noche, de modo que me adueño de su lado de la cama. Mientras me preparo para nuestra fiesta de pijamas, hurgando en mi bolsa en busca de jabón facial, su hijo de 4 años entra lentamente en la habitación con un pijama con pies. Tiene algo que decirme y yo estoy lista para escucharlo con mucha atención. Acerco una silla. Me informa de que bajo ninguna circunstancia debo mojar la cama. Porque, incluso si solo mojo una parte de la cama, «tendrán que cambiar las sábanas». Pone los ojos en blanco, como si ambos supiéramos lo irracionales que pueden ser los adultos. Luego sale corriendo por el pasillo hacia su madre, que le está haciendo señas para que vaya a cepillarse los dientes. Observo mientras lo hace pasar al baño.

—¿Qué? —pregunta ella.

—Nada —digo sonriendo.

Ni de coña va a saltar.

He estado paseando durante una hora, yo con mi traje de neopreno y Bec con sus vaqueros y su cárdigan. Se ha decidido, en un desayuno con Cheerios, que alguien tiene que vigilar. Alguien tiene que poder correr a buscar ayuda si pasa algo. Estoy de acuerdo, tiene razón. Pero ahora, quizá porque lleva la ropa correspondiente, me ha transmitido su preocupación maternal. Decide que el agua tiene aspecto de «estar llena de tiburones». Rechazo la idea, señalando que hay un lugar cerca de allí llamado Diamond Bay y que no es una bahía revestida de diamantes. Frunce el ceño. La vista aérea de las gaviotas no ayuda. El horizonte está manchado de nubes siniestras que parecen emanar de la línea del horizonte como rayos. El viento me está obligando a la fuerza a comerme mi propio cabello.

Me quito las zapatillas y arrojo el abrigo a un árbol. Le digo a Bec que cuente hasta diez. Sostiene el móvil para grabar la hazaña. Al principio pienso que voy a sorprenderla y a saltar a la de seis. O a la de ocho. Pero luego agito las muñecas y troto sin moverme del sitio, y la hago comenzar a contar desde el principio de nuevo. Me paro cerca del borde del acantilado cada vez. Existe un término para este tipo de actividad: «simulacro de suicidio». Yo solo quiero saltar desde este acantilado. Me he volcado para hacerlo posible. Pero no puedo. No es porque tenga miedo (aunque definitivamente lo tengo), sino porque los músculos se me bloquean cuando llegan cerca del borde. Mi cerebro ha decidido que esto se parece demasiado a la muerte. Intento engañarlo. «No está tan mal. Simplemente imagina que te están persiguiendo. Imagina que la lava te quema los pies.» Pero mi cuerpo no se lo traga.

Rocío el aire con epítetos y me dejo caer, derrotada. Bec me dice que no pasa nada, que ya tengo una excusa para volver en verano, cuando la petrificación se haya reducido a un factor de diez. «Sí, claro», digo. Tal vez Bec y yo nos volveremos a ver en esta vida, tal vez no. Si estuvieses vivo, no habría ninguna posibilidad de que tus caminos se cruzasen con los de ella. Ninguna. ¿Por qué? ¿Cómo es que no viste la gran rueda del mundo y encontraste un radio distinto? ¿No tenías curiosidad sobre lo que ocurriría mañana y al día siguiente? Esta es una reacción inmadura al suicidio. Básicamente lo he evitado. Pero ¿por qué no vaciaste tu cuenta bancaria, te fuiste a algún sitio y lo reevaluaste todo? ¿O construiste una vida completamente nueva antes de prometer ponerle fin, como Gauguin? Podrías haber huido de una existencia que te parecía pequeña hacia una que te pareciera grande. Ya lo habías hecho antes.

En el cuento «Paul's Case» de Willa Cather, una historia que te encantaba, un chico alienado huye de su ciudad natal y escapa a Nueva York en un intento de tener su primer (y último) momento de gloria. Sin embargo, percibe sus propios límites:

> Reflexionó somnoliento, con el oleaje de la música y la fría dulzura de su vino, sobre qué podría haberlo hecho de una manera más sabia. Podría haber tomado un barco de vapor de ida y haberse alejado de sus garras antes. Pero la otra parte del mundo le parecía demasiado lejana e incierta entonces; no podría haber esperado; su necesidad había sido demasiado aguda. Si tuviese que elegir de nuevo, haría lo mismo mañana.

Al final, Paul salta frente a un tren.

Bec tiene que hacer una llamada y dice que se reunirá conmigo en el coche. Después de que desaparezca en el bosque pienso: «Aquí estoy, al fin sola, en el otro extremo del mundo». Me da vergüenza articular este pensamiento fantasioso, pero no estoy aquí solo para acercarme a ti: estoy aquí para acercarme a «encontrarte».

Sigo en las primeras etapas del duelo y me parece sospechoso que no estés acechando en algún lugar de este planeta. He estado haciendo votos silenciosos para encontrarte: si estás en los árboles, los escalaré. Si estás en los arbustos, los podaré. Si estás en el océano, lo drenaré. *Cada día es una oportunidad para confirmar dónde no está el colgante.* Entonces, ¿por qué no aquí? ¿Por qué no en algún lugar donde pensaste que nadie te vendría a buscar?

Sin embargo, cuando me arrastro hasta el borde del acantilado y dejo que la cabeza me cuelgue sobre el abismo, no hay nada. Me concentro en la Ópera, en sus valvas abovedadas con formas de servilleta doblada, para no marearme. No hay señales de ti. Solo viento y olas oscuras, elevándose y cayendo a su propio ritmo. Incluso las gaviotas se han ido.

Saltaste con una soga. UNA SOGA.

¿Estás loco?

Debiste de saltar a la de dos. Te conozco y sé que es lo que hiciste.

Empiezo a sentir un hormigueo en las sienes, así que me doy la vuelta, me levanto y abro la cremallera del bolsillo de mi traje de neopreno. Dentro está la mitad de una cadena de oro. Es la cadena que se partió en dos cuando el ladrón arrancó los estantes para huevos del especiero. Fue todo lo que quedó aquella noche. La he puesto en una bolsa de plástico para bocadillos y la he traído conmigo. Mientras la sostengo oigo una urraca en un árbol detrás de mí, graznando, ajustándose la capa blanca. Le digo que retroceda. Si alguna parte de ti está en esta joya, entonces parece una buena idea lanzarte al vacío. Decidir que aquí es donde estás, aunque no estés aquí, incluso si nunca más vuelvo a visitarte. Renunciar a una sola cosa de forma voluntaria.

Meses después estoy moviendo una estantería en mi dormitorio, alejándola de la pared para limpiar un trozo de suelo ya inmaculado. La pandemia ha sacado a relucir a los obsesivo-compulsivos que llevamos dentro. Mover muebles sin ningún motivo solía ser competencia de los vecinos de arriba en todo el mundo. Ahora es un domingo por la tarde. Al hacerlo obtengo una visión nueva de mis libros. Los de bordes picoteados han acumulado polvo. Ni siquiera estoy segura de dónde han cogido todo ese polvo. Entonces veo algo brillante encajado en la tripa de uno de los libros.

Pellizco el libro y tiro de él, llevándolo más cerca de la cara. Ya estoy en el suelo, pero de algún modo me siento más en el suelo. Es la otra mitad de la cadena de oro. Siempre ha estado aquí. Y ahora su otra mitad está a dieciséis mil kilómetros, en el fondo del océano. Empujo el cierre hacia abajo hasta que hace clic.

El libro es *Edie*.

Hay un parque en Kassel (Alemania), una ciudad mediana, que es la sede de una instalación del artista Walter De Maria, titulada *The Vertical Earth Kilometer*, que debe de ser la obra de arte público que pasa más desapercibida de la historia. Puede pasar por una moneda en medio de un camino de tierra, tanto que estás tentado de cogerla. Sin embargo, no tendríamos mucha suerte. La moneda es, en realidad, el extremo de una varilla de latón que se adentra un kilómetro en el suelo. Durante años, tanto antes como después de ver *The Vertical Earth Kilometer* en persona, asumí que una parte del atractivo de la varilla tenía que ver con una varilla diametralmente opuesta. Una antípoda.

No sé de dónde saqué esa idea. Esta supuesta contrapartida tendría que estar en mitad del Pacífico Sur. Se necesitaría algo más que una beca artística y un equipo de buceo para instalarla. Incluso si fuese posible que algo así existiera, el propósito nunca fue poner el mundo en un espetón. *The Vertical Earth Kilometer* se extiende hacia abajo, sin respuesta. También lo pisan cada día. Ahora tengo mi propia versión de *The Vertical Earth Kilometer*. Solo que mi objeto sí se dividió en dos. Mi objeto pide a gritos su otra mitad. Como en cada boda judía: que tu matrimonio dure tanto como el tiempo que tardarías en volver a montar este vaso.

Resulta que la mayoría de las cosas no terminan tantas veces, Russell. La mayoría de las cosas no terminan. Hay mucho por resolver. Sigo queriendo saber adónde ha ido todo lo que he amado y por qué. Quizá si supiera más sobre Dios, sabría que es blasfemia querer respuestas, y quizá si supiera más sobre filosofía, sabría que es una tontería sugerir que hay respuestas. Tal vez un día, en un mundo que se parezca razonablemente a este, me lo dirás. Pero por ahora debo encontrar inconsistencias en toda esta curiosidad para poder respirar, para poder lidiar con la segunda mitad de mi vida. Si deseo la clase de vida que tú querías que viviera, una de expansión en lugar de retracción, debo aprender a estar en el lado de los vivos.

Debo aprender a aceptar que no somos iguales.

Mi dolor por ti siempre permanecerá rebelde, incluso si sé que contiene la lógica de todas las personas que lo han sentido alguna vez. A veces cierro los ojos para poder escuchar cómo se propaga. Para poder hacer que se propague. Lo subo por las paredes de mi piso. Lo oigo dar vueltas alrededor de los marcos de las puertas e impulsarse fuera de la ventana. Puedo oírlo bajar ruidosamente por la escalera de incendios y agrietar el hormigón al aterrizar. A veces lo oigo en los ríos, chapoteando contra las piedras, o en el metro, chirriando cuando hace una parada. Y entonces, como no puedo llamarte hogar, lo llamo hogar. Abro los ojos y en un instante vuelve a mí, acercándose a mis límites, balanceándose entre mis dedos. Se ha creado una auténtica vida aquí. Ajena a su propio poder, este esbozo de mujer cuyo momento aún no ha llegado me ronca dulcemente en el pecho.

AGRADECIMIENTOS

Gracias a mi agente, Jay Mandel, a mi editor, Sean McDonald, y a todo el equipo de FSG.

Russell me enseñó una vez una fotografía suya mientras lo perseguía el bebé de un amigo. «¿Quién es tan horrible? —preguntó—. ¿A quién adoran los niños y los animales?» Ojalá le hubiese respondido: «Nadie. Nadie es tan horrible».

Este libro también está dedicado a la memoria de Stephen McNabb.

Una nota sobre la autora

SLOANE CROSLEY es autora de las novelas *Cult Classic* y *The Clasp*, así como de tres recopilaciones de ensayos: *Look Alive Out There*, *Me dijeron que habría pastel* y *How Did You Get This Number*, estas dos últimas *bestsellers* de *The New York Times*. Vive en Nueva York.